Musikinstrumente,

historisch, selten und einzigartig

Alfred J. Hipkins

Writat

Diese Ausgabe erschien im Jahr 2024

ISBN: 9789359943596

Herausgegeben von
Writat
E-Mail: info@writat.com

Inhalt

EINFÜHRUNG.

Dieses Buch, das seltene historische und schöne Musikinstrumente darstellen soll, ist einzigartig. Klassische, mittelalterliche , japanische und andere Arten dekorativer Kunst, Waffen und Kostüme haben würdige Illustrationen und angemessene Beschreibungen gefunden, aber bisher wurde kein Versuch unternommen, die Anmut und den äußeren Charme schöner Lauten und Harfen, Violen, Virginale und anderer Instrumente auf ähnliche Weise darzustellen. Es wurden Gravuren in historischen oder technischen Werken angefertigt; die meisten davon sind jedoch bloße Wiederholungen, die von einem zum anderen fortgeführt werden und keinen besonderen ästhetischen Wert haben. Schönheit der Form und Angemessenheit der Dekoration erfordern mehr als die alltägliche Huldigung an den einfachen Gebrauch, und während wir den Zweck eines Musikinstruments, seine Fähigkeit, angenehme und verschiedene Töne hervorzubringen, nie aus den Augen verlieren sollten, können wir seine Form und sein Material nutzen und es schön anzusehen machen, um dem Auge ebenso wie dem Ohr Freude zu bereiten. Es ist kaum nötig zu sagen, dass die Liebe zu Schmuck oder Ornamenten ein Merkmal der Menschheit ist. Man findet es überall und in jeder Epoche, wenn das Leben vorläufig sicher und die Lebensgrundlagen gesichert sind. Eine beliebte Art der Dekoration ist das charakteristische Merkmal eines Volkes, einer Epoche oder eines Landes. Die frühesten Denkmäler, die wir auf Musikinstrumente verweisen können, zeigen eine Tendenz, sie zu schmücken oder sie mit dekorativen Elementen zu umgeben. Die Ägypter, die Assyrer und die alten Griechen liefern eine Aufzeichnung, die von den Persern und Sarazenen in der Gotik und der Renaissance fortgeführt wurde. Sie wiederholen sozusagen in einer unauslöschlichen Schrift immer die Vorschrift, dass die Hand der Befriedigung des Auges dienen und es durch abwechselnde Erregung und Ruhe befriedigen soll. Und so war es, bis der wunderbare mechanische Fortschritt in unserem Jahrhundert uns durch seine überwältigende Macht nicht nur vergessen ließ, was unsere Vorgänger so standhaft fortsetzten, sondern uns auch dazu veranlasste, das Hässliche als ausreichend zu betrachten, wenn es nur dem praktischen Zweck dient. Durch diese Abschwächung der Wertschätzung und des Strebens nach dekorativer Erfindung wurde diese Fähigkeit vorübergehend abgestumpft und es besteht die Gefahr, dass sie ganz verloren geht. Darauf kann geantwortet werden, dass gelegentlich wirklich künstlerische Arbeit geleistet wird und sich Beispiele dafür bei Musikinstrumenten finden; manchmal wird ein gutes Orgelgehäuse angefertigt, manchmal eine schöne Verzierung für ein Klaviergehäuse. Wenn es irgendeine Hoffnung auf ein Erwachen der Liebe zu Musikinstrumenten gibt, die in ihrer Verzierung zum Ausdruck kommt, dann liegt diese Hoffnung in den schönen Designs, die in den letzten Jahren so verdienstvoll für Klaviere umgesetzt wurden - die Erfindungen von Mr. Alma Tadema, Mr. Burne Jones, Mr. Fox und Miss Kate Faulkner. Gute Verzierung muss kein Privileg der Reichen sein; die alten Antwerpener Clavecinmacher , die alle Mitglieder der St. Luke-Gilde, der Künstlergilde, waren, wussten, wie sie ihre Instrumente mit geringem Aufwand würdig verzieren konnten , wie man auf Tafel XVIII des Ruckers Virginal sehen kann . Sie bemalten ihre Resonanzböden mit den entsprechenden Ornamenten und verwendeten leuchtende Farben , um die Wirkung ihrer Instrumente im geöffneten Zustand zu verstärken. Die Italiener gingen mit reicheren Details sogar noch weiter und verschönerten neben denen mit Klaviatur auch andere Saiteninstrumente. Das Fortbestehen edler Traditionen zeigt sich in der exquisiten Verzierung der siamesischen Instrumente (Tafeln XLII und XLIII) und der japanischen Koto (Tafel XLVI). Es wäre schmerzlich, wenn dieses östliche Erbe durch die Übernahme westlicher Ideen und die Aufnahme unserer materiellen Zivilisation verloren ginge . Der Anreiz für all diese Arbeit ist die Freude, die sie bereitet, und ohne Freude an der Arbeit ist das Leben des Arbeiters ziellos und traurig.

Bei der Beschreibung von Musikinstrumenten können wir uns auf keine Anfänge beziehen; diejenigen, die im Schimmer der historischen Morgenröte undeutlich zu erkennen sind, weisen eine gewisse Vollständigkeit auf, die einen bereits erreichten intellektuellen Fortschritt kennzeichnet. Die bekannte ägyptische Nefer, eine spatenförmige Gitarre oder besser gesagt Tamboura, lädt durch ihren langen Hals zum Anhalten verschiedener Töne auf ihren Saiten ein. Bereits in der Dritten Dynastie war es bereits so lange in Gebrauch, dass es Eingang in die Bildsprache der Hieroglyphen fand, in der seine Darstellung den Begriff oder das Symbol des Attributs „ *gut*" *darstellte* . Dieses in seinem Spiel so komplexe Saiteninstrument muss bereits vor Alter ergraut gewesen sein, als es im Denkmal der schönen Prinzessin Nefer-t, das sich heute im Museum in Bulaq befindet, in Stein gemeißelt wurde . Wir können nicht vermuten, wann entdeckt wurde, dass mehr als ein Ton aus einer einzelnen Saite gewonnen werden kann, wenn man sich die Vorteile eines langen Halses oder Griffbretts zunutze macht, oder aus einer einzelnen Pfeife, indem man seitliche Löcher in sie bohrt und diese Löcher schließt mit den Fingern verschiedene Töne erzeugen. Sogar diese weit entfernten, sicherlich prähistorischen Erfindungen scheinen zu erfordern, dass es noch ältere Erfindungen geben sollte – solche, die Rohre oder Saiten unterschiedlicher Länge oder Saiten gleicher Länge, aber unterschiedlicher Dicke und Spannung nebeneinander platzierten, wie in der Syrinx oder Pans Pfeifen oder Harfe und Leier.

Der verstorbene Carl Engel hat *in „Music of the Most Ancient Nations"* (London, 1864) eine Art Entwicklungstheorie für Musikinstrumente aufgestellt, wobei er der Trommel den frühesten und den Saiteninstrumenten den neuesten Platz einräumt; die letzteren mit Tastaturen wurden fast in unserer Zeit erfunden. Diese Theorie wurde kürzlich von Herrn Rowbotham auf einer wissenschaftlicheren Grundlage rekonstruiert (*History of Music* , Bd. I , London, 1885). Trommel und Tamburin sowie andere zusammenstoßende und bloße Zeitmarkierungsinstrumente wie Sistrums , Becken, Kastagnetten und Triangeln bewegen sich an der Grenze von musikalischem Klang und Lärm und tendieren größtenteils zu Letzterem. Die Trommel wird häufig in Gottesdiensten in verschiedenen Teilen der Welt verwendet, und das Spielen des Sistrums war im alten Ägypten das Vorrecht eines hohen Priestertums. Die verschiedenen buddhistischen Gongs ähneln in dieser Hinsicht den Pauken, da sie ein besser definierbares musikalisches Element in sich tragen, und wir finden diese klangvollen Metallinstrumente in China und den indochinesischen Ländern, auf Java und im Indischen Archipel weit verbreitet. Die indischen Trommeln (Tafel XLI.) sollten nach der gerade erwähnten Theorie von den Ureinwohnern stammen, aber die älteste, die M'ridang , wird dem Gott S'iva zugeschrieben und ist daher arisch. Die Staatspauke Ihrer Majestät der Königin (Taf. Auf einer viel höheren Ebene liegt die Anordnung von Holz- oder Metallstäben in jenen Instrumenten, die allgemein als Harmonicons bezeichnet werden, die besonders in Java, Siam und Burma zu Hause sind und bekanntermaßen aus dem Bergland Indiens in der einen Richtung verwendet werden , nach Afrika im anderen. Beispiele für diese weite Verbreitung sind das wunderschöne siamesische Ranat und Khong (Tafel XLIII.) und die Zulu-Marimba (Tafel XLVIII.), und bei letzterer stellen die an den Stäben angebrachten Kürbisresonatoren die einfachste Form von Klangverstärkern dar, die, perfektioniert in Verschiedene östliche Instrumente wie die indischen Vínas und Sitárs (Tafel XL.) haben in Europa ihre krönende künstlerische Entwicklung in den wunderschönen birnenförmigen Resonanzkörpern der Laute und Mandoline erreicht . Wir finden auch Varianten dieser schönen Form in den georgischen und turkmenischen Tambouren, den Colascione Süditaliens und ähnlichen Instrumenten, deren Wanderungen hier und da entlang der Linien religiöser Bewegungen verfolgt werden können, wie in Zentralasien und Hindustan , in China , Korea und Japan. Zum Beispiel die Lauten und Gitarren mit kürzerem Hals, die Rebec, Rebab und andere Vorläufer der Gamben und Violinen, die, entlehnt von der arabischen Bevölkerung des Heiligen Landes, tatsächlich im Zuge der Reflexwelle der Kreuzzüge nach Europa kamen. Die sarazenische Besetzung Spaniens hatte jedoch ihren Anteil an der Weitergabe dieser Instrumente und einer Vorliebe für das *Pizzicato* sowie an einer Ausarbeitung vokaler und instrumentaler Verzierungen, die in den Volksliedern und Tänzen dieses Landes erhalten geblieben sind. und, ein wichtiges Merkmal der Musik der Troubadours und Trouvères, hat überall in unserer modernen Musik Spuren hinterlassen. Das arabische Blut in Spanien könnte dazu beigetragen haben, dass die Gitarre in diesem Land als Nationalinstrument erhalten blieb. Von besonderem Interesse sind eine Gitarre (Tafel XXIX.) und eine Cetera (Tafel XXVIII.) von Stradivari, wie er gewöhnlich seinen Namen signierte, da sie zeigen, dass er sich nicht scheute, einfachere Instrumente als Geigen zu bauen. Die wunderschöne Schildpattgitarre (Tafel X.) hat eine Tradition, die sie mit Maria von Schottland und dem unglücklichen Rizzio verbindet. Bei all diesen Gitarren- und Lauteninstrumenten zeigen die Rosen in den Resonanzböden einen wirklich erstaunlichen Erfindungsreichtum in der Gestaltung. Ein Werk dieser Art wäre nicht uninteressant, wenn es nur diesen Rosen und denen von Spinetten und Cembali gewidmet wäre. Gitarren haben einen flachen Boden und Lautenschalen- oder birnenförmige Resonanzkörper, und erstere sind wiederum unterteilt in die eigentliche Gitarre mit Darmsaiten und Zithern mit Drahtsaiten, die den Einsatz eines Plektrums erfordern. „Cetera“ ist der italienische Name der Zither und der auf Tafel XIV eingezeichnete Name. ist von bemerkenswerter, wenn auch nicht ungewöhnlicher Schönheit. Die Zither, mit der traditionell der Name Königin Elizabeth verbunden ist, gehört zur englischen Familie der Pandore , Orpheoreon und Penorcon ; Es ist nicht genau eines dieser Instrumente, ähnelt aber am ehesten dem letztgenannten. Als ein schönes Exemplar englischer Kunst, das der italienischen in keiner Weise nachsteht, kann dieses schöne Instrument, das allgemein als Königin Elisabeths Laute (Tafel IX.) bekannt ist, nicht hoch genug gepriesen werden. Die dieser Zeichnung beigefügte Beschreibung und in der Tat die Beschreibungen aller Zeichnungen müssen für diejenigen besonderen Einzelheiten herangezogen werden, die bequemer separat angegeben werden. Die Laute (Tafel XV.) ist eines der schönsten existierenden Beispiele ihrer Art. Es trägt das Etikett von Vvendelio Venere, Padua, datiert 1600 und markiert den Höhepunkt dieses einst beliebtesten Instruments . Die großen Basslauten – die Theorben und Chitarroni –, die zu diesem Zeitpunkt in Gebrauch kamen, wurden durch die Schwäche des Basses des zeitgenössischen Cembalos notwendig, der als Unterkonstruktion für das beabsichtigte Continuo oder den Vollbass nicht ausreichte begleiten das Recitativo, das damals erst kürzlich in Florenz eingeführt wurde und einen wesentlichen Teil jener Monodie bildete, die die letzte Blüte der Renaissance darstellte, wenn man sie auf die neueste Kunst, die harmonisierte Musik, anwendete. Die venezianischen Theorben (oder Tiorbe) und Chitarroni (Tafeln XVI. und XXI.) sind von großer Schönheit und historischem Interesse. Aber die Laute verschwand, selbst als Diapasons oder zusätzliche Basssaiten hinzugefügt wurden, und wurde durch das nützlichere, wenn auch weniger schön klingende Spinett ersetzt. Die neuesten Lauteninstrumente sind die gefälligen Mandolinen , denen die

Mode möglicherweise eine neue Popularität verleihen wird. Diese Instrumente sind in Tafel XXIII eingezeichnet. Sowohl das Ohr als auch das Auge sind gleichermaßen erfreut über den Höhepunkt der Eigenschaften einer Geige, bei der Klang und Form so eng und untrennbar miteinander verbunden sind, dass wir uns das eine nicht vorstellen können, ohne einen mentalen Bezug zum anderen zu haben. Form und Farbe einer feinen Geige sind an sich schon so schön, dass es kaum möglich scheint, ihre Wirkung durch das Hinzufügen irgendeiner Art von Verzierung zu verstärken, außer auf Tafel XXV. Man erkennt, dass es Antonio Stradivari, bei dem das Instrument seine Perfektion erreichte, gelungen ist, eines seiner Meisterwerke mit einem passenden Design zu versehen. Eine weitere Violine desselben berühmten Meisters, in diesem Fall ohne Verzierung, ist auf Tafel XXVI abgebildet. Die besonderen Merkmale eines anderen berühmten Cremona-Herstellers, Giuseppe Guarneri, der sich selbst mit „Del Gesù" signierte und als Stradivaris einziger Rivale gilt, werden auf diesem Teller ebenfalls veranschaulicht. Mit 48 Tafeln, auf die sich dieses Werk beschränkt, kann jedoch kein vollständiges Schema der reichen Vielfalt existierender Musikinstrumente angeboten werden, wohl aber die bildlich interessante Viola d'Amore (Tafel XXVII.) und die Viola da Gamba (Tafel XIX.) wurden nicht übersehen.

Blasinstrumente stehen immer an zweiter Stelle, obwohl sie in ihrer rudimentären Form möglicherweise früher erfunden sind als solche mit Streichinstrumenten, wie in der altweltlichen Fabel von Apollo und Marsyas. Aber sie haben grundsätzlich und historisch das gleiche Interesse und haben wie Trommeln und Gongs eine besondere Verbindung zu den heiligen Riten verschiedener Nationen. Das jüdische Shophar, ein einfaches Widderhorn, dessen Holzschnitt nach einem interessanten Beispiel aus der großen Synagoge in Aldgate, London, am Ende dieser Einführung abgebildet ist, ist das älteste derzeit verwendete Blasinstrument der Welt. In der Bibel wird es zum ersten Mal so erwähnt, dass es erklang, als der Herr auf den Berg Sinai herabstieg, und es scheint kaum Zweifel daran zu bestehen, dass es seit seiner Einführung bis heute ununterbrochen im mosaischen Gottesdienst verwendet wurde. Es wird in den Synagogen zu Neujahr und am Fasten des Versöhnungstages erklingen. Der Talmud nennt zehn Gründe für das Erklingen des Shophar zum Neujahr, die man zusammenfassen kann, indem man diejenigen, die ihn hören, an die Schöpfung, die Buße und das Gesetz, an die Propheten, die als Wächter waren, die Trompeten bliesen, an den Tempel usw. erinnert die Bindung Isaaks, die Demut, die Sammlung Israels, die Auferstehung und der Tag des Gerichts, an dem die Posaune für alle erschallen wird. Der Ansatz des Shophar ist sehr schwierig, aber normalerweise werden damit drei richtige Töne erzielt, obwohl in einigen Fällen auch höhere Töne erzielt werden können. Die kurzen rhythmischen Schnörkel sind mit unbedeutenden Unterschieden sowohl bei den deutschen

als auch bei den portugiesischen Juden üblich und stammen daher aus der
Zeit vor ihrer Trennung. Diese im Ritual verwendeten Schnörkel sind Tekiah

(T'qia ' h), 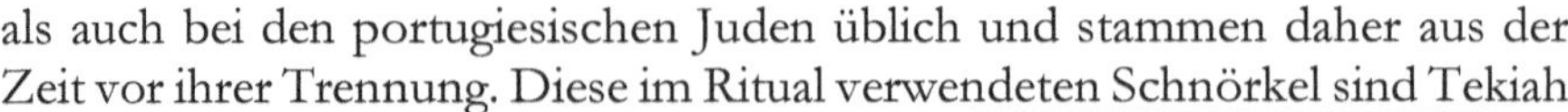 Shebarim (Sh'bharim) und

Teruah (T'rua ' h) 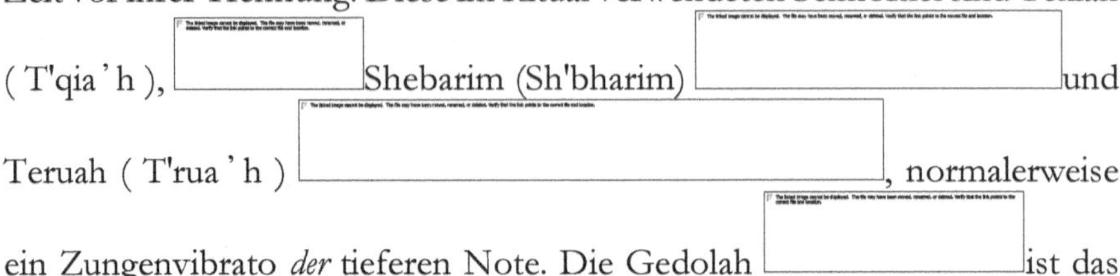, normalerweise

ein Zungenvibrato *der* tieferen Note. Die Gedolah ist das
große Tekia, das die Schnörkel abschließt. Der Shophar ist normalerweise
ein durch Hitze abgeflachtes Widderhorn, dessen Bohrung ein zylindrisches
Rohr von sehr kleinem Kaliber ist , das in eine Art parabolische Glocke
mündet. Die hier aufgeführten Noten sind diejenigen, die normalerweise
erzeugt werden, aber aufgrund der empirischen Bildung des Ansatzes und
einer Besonderheit der Lippen des Spielers wird gelegentlich eine Oktave
anstelle der normalen Quinte erzeugt. Das Fundament wird, wenn es
erhalten wird, nicht als echte Shophar-Note angesehen. Durch die
Vermittlung eines Freundes, dessen Hilfe es mir ermöglicht hat, diese
Informationen zu sammeln, habe ich die Shophar-Schnörkel von einem
kompetenten Interpreten gespielt gehört und bin in der Lage, eine
maßgebliche Notation dieser seltsam interessanten historischen Phrasen zu
geben und sie endgültig zu korrigieren Ich muss Rev. Francis Cohen danken.

Auch Bronzehörner haben eine sehr alte Verwendung, und die vorhandenen
Exemplare, hauptsächlich keltischen oder skandinavischen Ursprungs, sind
häufig reich verziert. Ihre Beschäftigung diente offenbar dem Krieg, der Jagd
und dem Festessen. In jüngerer Zeit wurde ihr Besitz an feudale Bräuche wie
die Übertragung und den Besitz von Land geknüpft, und schließlich wurden
sie durch das Wachstum großer Städte mit ihnen in Verbindung gebracht,
wie die interessanten Dover und Canterbury Horns (Tafel I.). kommunale
Bräuche. Während der Ausgangssperre wurden Hörner geblasen, und ein
besonders charakteristisches Beispiel für ein solches Hornblasen ist ein
dramatisches Element, das Wagner am Ende des zweiten Akts seines
Shakespeare-Musikdramas „ *Die Meistersinger von Nürnberg*" *einführte* . Earl
Spencers sehr schönes Elfenbeinhorn oder Oliphant (Tafel VII.) war
höchstwahrscheinlich für die Jagd gedacht. Von anderen einfachen
Blasinstrumenten, die von den Lippen des Spielers abhängen, sind die
antiken römischen Lituus und Buccina (Tafel XXXVII.) überaus
interessante Beispiele. Der römische Reitersoldat trug den Lituus, der wegen
seiner Ähnlichkeit mit dem Stab eines Auguren so genannt wurde, und der
Fußsoldat die Tuba und die kreisförmige Buccina. Sie marschierten zum
Klang von Instrumenten, deren Töne genau wie bei der uns bekannten
Trompete und dem Signalhorn erzeugt wurden – durch die Vibration der
Lippen, die sich mit dem Druck und der Kraft des Windes in einem

becherartigen Mundstück veränderte. Da diese Töne natürlichen Harmonischen entstammen, unterscheiden sie sich heute nicht von dem, was sie waren, als Cäsar zum ersten Mal in Großbritannien landete, oder tatsächlich von den ersten Tönen eines Horns, die jemals erzeugt wurden. Von den modernen Blechblasinstrumenten sind zwei von historischem Interesse – das Kavalleriehorn in Tafel XXXVI. das seiner Königlichen Hoheit, dem Prinzen von Wales, gehört und den Mondscheinangriff der Household Cavalry in Kassassin in Ägypten erklingen ließ, und eine Trompete, die den berühmten Angriff in Salamanca erklingen ließ. Im Gegensatz dazu steht die silberne Staatstrompete (Tafel XXXV.), eine von zehn, die während ihrer langen und gnädigen Herrschaft im friedlichen Dienst Ihrer Majestät Königin Victoria eingesetzt wurden.

Die Syrinx oder Panflöte wurde bereits erwähnt. Sie besteht aus einer bestimmten Anzahl von Flötenpfeifen, wobei die Töne erzeugt werden, indem der Atem gegen die scharfe Kante jeder Pfeife gerichtet wird. Platon hielt den Gebrauch der Syrinx im ländlichen Leben für erlaubt, verurteilte jedoch die Flöte mit dem reicheren Klang. Die Hirtenflöte gehört zur Familie der Oboen, da sie mithilfe eines Rohrblatts zum Klingen gebracht wird, einer sehr alten Kunstfertigkeit. Wir wissen nichts über ihre frühe Entwicklung, aber chaldäische Hirten spielten vor fast 2000 Jahren auf ähnlichen Instrumenten, wenn sie nachts ihre Herden hüteten, und neapolitanische Bauern spielen zum Gedenken an diese Hirten noch immer neun Tage lang vor den großen kirchlichen Festen der Madonna Immaculata und Christi Geburt auf ähnlichen ländlichen Rohrblattpfeifen, der Zampogna oder Cennamella . Diese primitiven Oboen müssen sehr alt sein. Wahrscheinlich bestand die Hirtenpfeife zuerst aus einem kleineren Rohrblatt, das in ein größeres eingesetzt wurde, oder das größere hatte einen Schlitz für einen Rohrblattvibrator, wie Jungen sie heute schneiden. Die schottische Hirtenpfeife aus dem Tiefland ist aus Horn, und auch die Hülle des Rohrblatts ist aus Horn. Das Prinzip eines Luftreservoirs zur Versorgung der Pfeifen, die ursprüngliche Idee der Orgel, war den Römern bekannt, und die ursprüngliche Form des Dudelsacks war die Tibia Utricularis . Im Laufe der Zeit war in ganz Europa kein Instrument beliebter als der Dudelsack. Varianten davon (Tafeln IV und V), darunter Exemplare der Cornemuse und der Musette, zeigen die modernen Formen dieses heute verachteten Instruments. Das Prinzip des Bordunbasses, das Dudelsack und Drehleier gemeinsam haben (Tafel XXX), muss in Europa allgemein anerkannt gewesen sein, bevor sich die Kenntnis des Kontrapunkts allgemein durchsetzte. Die besondere Intervallskala des großen Hochland-Dudelsacks trägt viel zum Charakter der Töne des Instruments bei. Die abweichende Intonation kann auf die Unfähigkeit des Instrumentenbauers zurückzuführen sein, die tatsächlichen Abstände zum Bohren der seitlichen Löcher zu bestimmen. Wenn das so ist, müssen wir nachsichtig mit ihm sein, denn selbst heute, mit unserer Perfektion mechanischer Geräte, ist das Bohren nicht über jeden Zweifel erhaben. Aber natürlich wird die Genauigkeit näher erreicht als jemals zuvor, selbst in den frühen Jahren des gegenwärtigen Jahrhunderts. Eine andere und attraktivere Hypothese für die Skala des schottischen Dudelsacks leitet seine mittleren oder neutralen Terzen, weder Dur noch Moll, von einer syrischen Skala ab, die noch heute in Damaskus zu finden ist, und führt ihre Anwesenheit in Europa darauf zurück, dass die Pfeifen wie Rebecs, Rebabs und Lauten von heimkehrenden Kreuzfahrern mitgebracht wurden, deren bewundernde Bewunderung für die sarazenische Kunst wohlbekannt ist. Es scheint kaum wahrscheinlich, dass die Musik sie nicht auch berührt hätte, da sie aufgrund jahrhundertelanger persischer und arabischer Kultivierung einen besonderen Reiz besaß. Es gibt heute zahlreiche Belege für die Vorliebe des Ostens für diese unbestimmten Terzen. Diese könnten auf eine ideal gleichmäßige Tonleiter mit sieben gleich großen Intervallen zurückzuführen sein, wie sie die Siamesen akzeptieren, statt auf fünf größere und zwei kleinere, wie sie bei uns üblich sind. Oder sie könnten auf eine Änderung der Lautenstimmung zurückzuführen sein, die der arabische Philosoph Al Fārābī einem Lautenisten namens Zalzal zuschrieb , der einen der Bünde der Laute veränderte, um diese Änderung zu erreichen. Es ist nicht nötig, mehr zu tun, als auf die Besonderheiten dieser östlichen Tonleitereinteilungen oder das mögliche Fortbestehen einer solchen in der Hochland-Dudelsackpfeife hinzuweisen. der Forscher findet Informationen, die bis an die Grenzen unseres derzeitigen Wissens reichen, in Recherches *sur l'Histoire de la Gamme Arabe von* JPN Land (Leiden, 1884) und *in On the Musical Scales of Various Nations* von Alexander J. Ellis, einem vor der London Society of Arts gehaltenen und am 27. März 1885 im Journal dieser Gesellschaft veröffentlichten Vortrag. Es genügt hinzuzufügen, dass die neutrale Terz zwar in einigen östlichen Ländern nach wie vor ein beliebtes Intervall ist, in Europa jedoch, soweit Untersuchungen möglich sind, nur in den Bergregionen und in der Dudelsackmusik der schottischen Gälen bekannt ist. Die neueste Entwicklung von Flöten- und Rohrblattpfeifen findet sich in der Flöte, Oboe, Klarinette und dem Fagott des modernen Orchesters. Die Tafeln XXXVIII und XXXIX stellen Instrumente dar, die die unmittelbaren Vorläufer der genannten Instrumente waren oder mit ihnen identisch sind. Eines davon, das Dolciano oder Tenoroon mit Klarinettenrohrblatt, ist von ungewöhnlicher Bedeutung, da es möglicherweise die Erfindung des Saxophons vorwegnahm. Es würde einen ganzen Band erfordern, die Veränderungen zu beschreiben, die Blasinstrumente im Laufe des Jahrhunderts durchgemacht haben, insbesondere die der Flöte durch den verstorbenen Theobald Boehm. Klarinette und Oboe wurden weniger verändert, da die völlig neugestalteten Instrumente, die sie ersetzen sollten, das Saxophon und das Sarrusophon, nicht jene besonderen

Klangfarbenqualitäten bewahrt haben, die für die Palette des Orchesterkomponisten erforderlich sind. Für die Blechblasinstrumente gab es jedoch bisher keinen Halt. Auf diese wichtige Revolution, die zu Beginn dieses Jahrhunderts mit Klappen ausgestattet wurde, folgte eine weitere, nicht weniger umfassende – die Einführung des Ventil- oder Kolbensystems, dessen Vorteile, die heute fast allgemein anerkannt sind, von Wagner und anderen Komponisten der letzten Zeit weitgehend ausgenutzt wurden.

Die bekannte Orgel wird in den Positiv- und tragbaren Orgeln (l'orgue positif et portatif) gezeigt, kleinen Instrumenten, die reduzierte vordere Teile des Montre darstellen, den sichtbaren Sprechpfeifen der mittelalterlichen Kirchenorgel, die weder mehr noch weniger als eine große Mischung war registrieren; Das heißt, dass jede Taste beim Anschlagen die Oktav-, Zwölftel-, Superoktav- und andere Noten gleichzeitig mit der Grundnote erklingen ließ. Die Bewegung des Plain Song oder jeder Melodie mit dieser harmonischen Struktur vollzog sich in Abläufen, die kein modernes, musikalisch geschultes Ohr ertragen konnte. Bei der großen Kirchenorgel durfte jedoch mit keiner Hand mehr als eine Taste abgelegt werden, da die Tasten so breit wie eine Handfläche waren und das Niederdrücken einer Taste einen Angriff mit der Faust des Spielers erforderte. Aber die Tasten der tragbaren Orgel, eines Prozessionsinstruments, waren schmal – eine Hand bediente den Blasebalg, während der Spieler mit der anderen die Tasten berührte. Das Positiv war eine Kapellen- oder Kammerorgel, die stationär sein sollte und ebenfalls über schmale Tasten verfügte, die das Greifen einer Oktave ermöglichten. Die auf der Van Eyck St. Cecilia-Tafel des berühmten Genter Altarbildes – der Anbetung des Lammes – gezeigte Tastatur verfügt bereits über die vollständige Anordnung der chromatischen Tasten, genau wie bei unseren modernen Tasteninstrumenten. Das Datum dieser Tafel konnte nicht später als 1426 n. Chr. liegen . Unter den zahlreichen tragbaren Orgeln, die in Gemälden aus früherer Zeit abgebildet sind, ist die Hinzufügung der *Ficti* , wie die chromatischen Noten genannt wurden, mit Ausnahme vielleicht des B-Durs oder des B-Durs und Es erscheint nicht. Das B war jedoch keine chromatische, sondern eine wesentliche Note in der kirchlichen Tonleiter. Ein weiteres frühes Beispiel in einem Gemälde von Hans Memling, das im St.-Johannes-Krankenhaus in Brügge aufbewahrt wird, ist später als das Genter Altarbild datiert, stammt aber noch aus dem 15. Jahrhundert. Die chromatischen Tasten sind hier weiter zurückgesetzt als bei unseren üblichen Tastaturen, wie es auch bei der Halberstädter Orgel aus dem 14. Jahrhundert der Fall war. Die tragbare Orgel aus dem 14. Jahrhundert, gezeichnet in *Critical and Bibliographical Notes on Early Spanish Music* , von Don Juan F. Riaño (Quaritch , London), 1887, S. 127, zeigt nur die B-Dur und ist als obere Tonart dargestellt, offenbar nicht erhöht, sondern auf Höhe der natürlichen Tonarten, was mit zeitgenössischen Darstellungen des Instruments von Fra Angelico übereinstimmt. Die hier gezeichnete tragbare Orgel (Tafel XIII.) ist vergleichsweise spät datiert, da diese kleinen Instrumente bis nach der Reformation in Gebrauch blieben. Die Positivorgel (Tafel XI.) ist älteren Datums und so weit entwickelt, dass sie über Register und Zugstopps verfügt , um sie zu steuern; in diesem Beispiel sind sie eine Oktave voneinander entfernt, aber eine unanfechtbare Autorität, Praetorius, spricht von einem Register in einem positiven Organ, das eine Quinte vom Grundton entfernt ist! Unsere Vorfahren waren offensichtlich nicht wie wir von einer Quintenprogression betroffen.

Das Regal (Tafel XII und als Bibelregal, Tafel XIII) war ebenfalls ein Teil der alten Kirchenorgel, der herausgenommen und allein gespielt wurde. Es ist das schlagende Zungenregister, das so genannt wird, weil die Zunge den Rahmen überlappt und beim Vibrieren einen mehr oder weniger schrillen oder schrillen Ton erzeugt. Da die freie Zunge den Rahmen nicht berührt, ist ihre Tonqualität weniger rau. Letztere Zungenart ist jedoch erst vor kurzem in Europa eingeführt worden. Seltsamerweise stammt sie von einer sehr alten chinesischen Mundorgel, der Shêng ! Dieses chinesische Instrument hat siebzehn klingende Pfeifen, jede mit einer kleinen freien Zunge aus Messing oder Kupfer versehen, und wird normalerweise durch Einziehen des Windes, nicht durch Blasen zum Klingen gebracht; in dieser Hinsicht hat sich die heutige amerikanische Orgel daran orientiert. Das Prinzip der Shêng wurde in Europa übernommen, weil es um 1780 in St. Petersburg von einem Orgelbauer namens Kirsnick angewendet wurde, und auf die enthusiastische Befürwortung des Abbé Vogler. (Sir George Groves *Dictionary of Music and Musicians* , Art. „Vogler", von Rev. JH Mee.) Von ihm stammen unser Akkordeon und unsere Konzertinas, das Harmonium und die amerikanische Orgel sowie diverse Musikspielzeuge ab. Das Shêng ist auf Tafel XLIV abgebildet . In Japan ist es mit einigen Variationen als Sho bekannt, und ein größeres Instrument nach dem gleichen Prinzip, das in den laotischen Staaten von Siam verwendet wird, heißt dort Phān . In fast allen Fällen wird es als Soloinstrument verwendet. Unter den siamesischen Musikern, die Seine Majestät der König von Siam auf eigene Kosten sehr großzügig zur Londoner Erfinderausstellung schickte und die dort im Musikzimmer und in der Royal Albert Hall auftraten, war ein Phān- Spieler, der stets allein spielte.

Harfenähnliche Instrumente, jedoch mit Resonanzkörpern unter den Saiten, kommen in ihrer ältesten, aber dennoch hochentwickelten Form in der chinesischen Ch'in oder Gelehrtenlaute vor. Die japanische Sono Koto (Tafel XLVI) ist eine Abwandlung der Ch'in, die in China als Sê bekannt ist. Der Unterschied besteht darin, dass die Ch'in feste Stege und ein System zum Sperren hat, während die Sê und folglich auch die Koto bewegliche Stege und keine Sperren haben. Die Koto wird nach den fünf Tönen des in

Japan vorherrschenden Oktavsystems gestimmt und – mit einem Unterschied in der Tonleitereinteilung – in China, das vom verstorbenen Carl Engel Pentatonik genannt wurde. Der Spieler kniet neben dem Instrument auf dem Boden und berührt, während er sich auf seine Fersen setzt oder ruht, die kürzeren Saiten, die durch die Stege getrennt sind, mit Plektren an Daumen und Zeigefinger, verwendet aber gleichzeitig ständig die längeren Saiten, um auf die Saiten zu drücken oder sie zu lockern, um die Spannung zu verändern und Zwischentöne zu erzeugen. Die gezeichnete Koto ist von großer Schönheit. Die vier charakteristischen Volksinstrumente Japans sind die Koto, die Siamisen , die Biwa und die Kokiu (siehe Tafeln XLVI und XLVII). Die Siamisen ist mit der chinesischen San- hsien verwandt und die Biwa mit der chinesischen P'i- p'a (siehe Tafel XLIV). Das sehr eigenartige siamesische Ta'khay oder Krokodil (Tafel XLIII) gehört zur selben Gattung wie die Koto und die Ch'in, wurde aber durch siamesischen Einfallsreichtum in seine heutige Form gebracht, der ein reiches Beschäftigungsfeld in der Verzierung von Musikinstrumenten gefunden hat. In dieser Hinsicht ist das Siamesische im Osten der Palme, wie es die Italiener im Westen getan haben.

Was das Prinzip der Harfe oder vielmehr des Psalters betrifft, das in diesen parallel besaiteten Instrumenten verkörpert ist, so unterscheidet es sich von den ägyptischen und assyrischen Konzeptionen, die die Resonanzkörper ihrer Harfen in einer gekrümmten Anordnung platzierten, der eine unter, der andere über den Saiten. Griechische Leiern hatten ihre Klangkörper direkt unter den Saiten. Der Ursprung der griechischen Leier ist unbekannt, da der Name nicht hellenisch ist; sie könnte möglicherweise asiatisch gewesen sein, war aber ursprünglich nicht ägyptisch. Es würde ein interessantes Problem lösen, wenn wir wüssten, was die hebräische Kinnor war, die Harfe der autorisierten Version, das bedeutendste Saiteninstrument, das in der reichsten Sammlung heiliger Poesie vorkommt, die die Welt kennt, den hebräischen Psalmen. Dr. Stainer, der eine vollständige Analyse des Textes durchgeführt hat, ist über Vermutungen nicht hinausgekommen. Sicher ist nur, dass die Kinnor ein Saiteninstrument war. Es ist überliefert, dass sie von Tubal Kain hergestellt und von Laban dem Syrer und dem Hirtenjungen David gespielt wurde. Es wird im Buch Hiob erwähnt, und die gefangenen Hebräer in Babylon hängten ihre Kinnors an die Bäume. Ob mit oder ohne Griffbrett, ob Lyra, Trigonon oder Harfe, seine Töne hatten Macht über die Gefühle und erzeugten ähnliche Wirkungen wie die Musik, die uns heute berührt. Das physikalische Gesetz der Mitschwingung war damals in Syrien oder an den Gewässern Babylons genauso wirksam wie heute in Edinburgh oder London.

Die in diesem Werk dargestellten Harfenformen (Tafeln II , III und XXXIV) unterscheiden sich von den alten Harfen, die weder Vorderarm noch

Vordersäule hatten und daher nur wenig Belastung aushalten konnten. Dennoch stellt ein altes keltisches Denkmal ein harfenähnliches Instrument mit dieser östlichen Besonderheit dar. Die hier dargestellten, äußerst interessanten keltischen Harfen, die Queen Mary und die Lamont-Harfen, haben Vorderarme oder Bögen von einer konstruktiven Stärke, die zusammen mit dem Rest des Rahmens eine beträchtliche Drahtspannung tragen könnten. Die Kelten und Germanen scheinen die Harfe schon lange kultiviert zu haben. Das Wort selbst ist deutsch, aber die Kelten dieser Inseln haben unterschiedliche Namen dafür, je nachdem, ob sie dem gälischen oder dem kymrischen Zweig angehören. Der gebräuchliche gälische Name war Cruit (Crot), was von einer Wurzel kommt, die Schwingung bedeutet, aber dieser Name wurde durch Clarsach ersetzt, was sich vom Resonanzboden ableitet. Der walisische Name Telyn bedeutet Anstrengung oder Spannung. Man muss bedenken, dass die dreisaitige walisische Harfe ein verhältnismäßig modernes Instrument ist, und das gilt auch für die walisische Crwth (Tafel XXIV) in der einzigen Form, die bis zu uns gekommen ist, als Streichinstrument mit zusätzlichen Saiten über dem Griffbrett, eine Besonderheit der Theorbe und der Lyraviol. Der Ursprung der Crwth scheint die klassische Lyra gewesen zu sein, die im Laufe der Zeit Veränderungen unterlag, und als kontinentale Rote oder Rotta war sie im Mittelalter ein sehr verbreitetes Instrument. Sie musste östlichen Saiteninstrumenten wie der Rebec und der Laute weichen. Die Vína (Tafel XL) ist das charakteristische Saiteninstrument des Hinduismus und ihr wird ein hohes Alter zugeschrieben. Theoretisch ist die Saite in 22 kleine, gleich lange Intervalle in der Oktave unterteilt, die *s'ruti genannt werden und* durch die die Töne und Halbtöne bestimmt werden. aber neuere Beobachtungen zeigen, dass die Hindus mit einer Unterteilung von zwölf Halbtönen in der Oktave zufrieden sind – tatsächlich unserer chromatischen Tonleiter. Kleinere Intervalle werden nur für Vorschlagstöne verwendet und durch Ablenken der Saite erzeugt. Kürbisresonatoren wurden als wahrscheinlich sehr alt erwähnt, und die Verwendung von Resonanzsaiten, die in Europa erst im 17. und 18. Jahrhundert in Mode war, kann als ebenfalls weit in Indien liegender Ursprung hinzugefügt werden. Sowohl die Hindus als auch die Perser haben an den Vínas und Sitárs (Tafel XL) befestigte Kürbisse als Resonanz verwendet. In Südindien, wo die Verwendung der ursprünglichen Hindu- Vína vorherrschend ist, gibt es, obwohl die jetzt verwendete Tonleiter mindestens heptatonisch ist, immer noch eine Tendenz zu pentatonischen Melodieformen. Die Übereinstimmungen sind in Quarten oder Quinten und Oktaven. Die Sitár Nordindiens und die stärkere Verwendung des Terzintervalls können auf eine Einführung durch die Perser zurückgeführt werden; aber in ganz Indien und noch stärker im Süden wird Musik als poetische Kunst empfunden und hat eine eigene Entwicklung durchlaufen, die in Europa noch immer unerkannt bleibt , obwohl wir jetzt

Gelehrte haben, deren Forschungen und Eifer diese Unwissenheit mit der Zeit zumindest teilweise beseitigen könnten. Musik wird in Indien als Ausdrucksmittel empfunden, das in China oder unter den indochinesischen Völkern unbekannt ist.

Die heikle Frage der Einführung des Bogens bei Saiteninstrumenten, über die sich die bedeutendsten Autoritäten noch nicht einigen können, braucht hier nur erwähnt zu werden. Unabhängig davon, ob es sich um eine asiatische oder eine europäische Einführung handelte, schien es zunächst nur eine Möglichkeit gewesen zu sein, Klänge aus Saiten zu erzeugen, und dass es sich nach und nach über das Plektrum durchsetzte, mit Instrumenten der Gambenart, die dadurch an Bedeutung gewannen tolle Entwicklung. Schon jetzt ist es erlaubt, beim *Pizzicato* der Violine und des Violoncellos die Finger eines Streichinstruments zu benutzen .

Qanūn abgeleitetes Plektruminstrument ; In Gemälden des 14. und 15. Jahrhunderts, in denen Musikinstrumente dargestellt sind, fehlt es selten. Das gleiche Instrument, dessen Saiten stärker bespannt wurden, um den Schlägen von Hämmern standzuhalten, ist das bekannte Hackbrett, das ebenso wie die Drehleier und der Dudelsack bessere Tage gesehen hat. Was einst über das Hackbrett gedacht wurde, zeigt das Gemälde, das das auf <u>Tafel XVII</u> <u>gezeichnete Bild schmückt</u> . Es scheint fast ärgerlich, dass wir nicht wissen, wer als Erster eine Tastatur an ein Psalter angepasst und so ein Spinett gebaut hat. Es war nicht früher als im fünfzehnten Jahrhundert, aber der Name des verdienstvollen Erfinders ist uns weder bekannt, noch wo er lebte. Aufgrund des lateinischen lateinischen Namens Clavicymbalum ist es höchstwahrscheinlich , dass das Instrument erstmals in einem Kloster erfunden wurde. Aber zum Glück haben wir es in <u>Tafel VI.</u> , in einem aufrechten Spinett oder Clavicytherium, eines der frühesten existierenden Exemplare dieser Art. Ob dieses seltene Instrument süddeutschen oder norditalienischen Ursprungs ist, ist noch ungeklärt. Der Grund für die frühere Zuschreibung ist in der der Zeichnung beigefügten Beschreibung angegeben. Dennoch ist das mantegneske Gefühl in der Innenausstattung so stark ausgeprägt, dass wir innehalten, bevor wir den schwäbischen Ursprung als endgültig geklärt akzeptieren.

Das Virginal der Königin Elisabeth (<u>Tafel VIII</u>), das endlich einen festen Platz in der großartigen Sammlung alter Musikinstrumente im South Kensington Museum gefunden hat, ist kein eigentliches Virginal, sondern offenbar ein italienisches Spinett. Es ist prächtig verziert, und es weckt ein starkes Interesse, wenn man darüber nachdenkt, wer wohl darauf gespielt hat und wer daneben gestanden und den angenehmen Tönen eines einst so geschätzten Instruments gelauscht hat. Das Spinett begann damals der Laute den Rang abzulaufen. Die Fähigkeit, mehrstimmige Musik mit zwei Händen zu spielen, was der Lautenspieler, der nur eine Hand zum Stoppen hatte, nur unzureichend erreichen konnte, war eine unbestreitbare Gabe. Den damaligen Wohlstand der großen Republik Venedig können wir in den Lauten, Theorben und Spinetten erkennen, die heute in ganz Europa verbreitet sind; und fast gleichzeitig legen Instrumente wie das Ruckers Virginal (Tafel XVIII) und das Ruckers Doppelspinett (Tafel XX) für Antwerpen Zeugnis davon ab, welche Gunst der erfolgreiche Handel den Künsten je entgegengebracht hat. Die großen englischen Spinettbauer stammen aus der zweiten Hälfte des 17. Jahrhunderts und dem ersten Viertel des 18. Jahrhunderts. Unter ihnen nahm Stephen Keene den ersten Rang ein, und sein Werk hält auch in dem auf Tafel XXII abgebildeten Spinett noch einer Betrachtung stand . Das 18. Jahrhundert war geprägt von großen Fortschritten in der Herstellung des ausdrucksstarken Clavichords, das zwar vielleicht das älteste Tasteninstrument war, aber immer dem lauteren und anmutigeren Spinett weichen musste. Tafel XXXII zeigt das Clavichord in seiner Vollendung, und die chinesische Lackverzierung zeigt, dass zumindest bei diesem Exemplar sein intimer Klangzauber, der wie kein anderes Tasteninstrument das *Vibrato beherrscht* , einer kunstvollen Fassung würdig erachtet wurde.

Die neuesten Verbesserungen, zu denen die Spinettgattung fähig war, einschließlich des venezianischen Schwellwerks, basieren auf dem Doppelcembalo (Tafel XXXIII.), das Burkat Shudi (Burkhard Tschudi) und John Broadwood 1773 für Kaiserin Maria Theresia anfertigten . Es stellt sich die Frage, ob einige Musikinstrumente mit besonderem Charakter nicht zur Verwendung beibehalten oder neu hergestellt werden sollten, wenn dieser Charakter durch kein vorhandenes Instrument ausgedrückt werden kann. Wenn dies geschehen würde, würden die Viola d'Amore , die Viola da Gamba , das Cembalo, das Clavichord und die alte deutsche Flöte, zuletzt mit einem gewissen Zugeständnis an die fehlerhafte Intonation, ihren Platz finden und manchmal mit Vergnügen gehört werden.

Im Hinblick auf die Auswahl und Zeichnung der auf den folgenden Tafeln dargestellten Themen kann erwähnt werden, dass der Autor des vorliegenden Buches den wichtigen Vorteil hatte, die bemerkenswerte Leihsammlung von Musikinstrumenten, die in der Royal Albert Hall in Kensington ausgestellt ist, kostenlos nutzen zu können 1885. Außergewöhnliche Möglichkeiten zum Zeichnen des ausgewählten Themas wurden durch seine offizielle Verbindung mit der Musikabteilung der Ausstellung und durch die gnädige Erlaubnis der jeweiligen Besitzer der Instrumente, darunter Seine Majestät die Königin, Seine Königliche Hoheit der Prinz von Wales, Seine Königliche Hoheit die Siamesen, erhalten Minister und der japanischen Kommission. Er hat auch einige Skizzen von Instrumenten verwendet , die von Herrn Robert Glen aus Edinburgh ausgewählt und gezeichnet wurden, dem die Idee zu dieser Veröffentlichung zu verdanken ist.

Die bildliche Darstellung der Motive wurde von Herrn William Gibb übernommen, und die Tafeln in diesem Band wurden erfolgreich von seinen bewundernswerten Zeichnungen reproduziert. Das Buch gewinnt darüber hinaus einen besonderen und unerwarteten Wert durch die Tatsache, dass kein illustrierter Catalogue Raisonné der Musikleihsammlung von 1885 zusammengestellt wurde, die die schönsten und wertvollsten Manuskripte, Bücher, Gemälde usw. sowie Musikinstrumente vereinte, die jemals zusammengetragen wurden. Es waren weder Geld noch Zeit vorhanden, um eine solche Arbeit durchzuführen, bevor die Sammlung aufgelöst wurde. Für diejenigen, die den Verlust dieser Gelegenheit bedauern, können die Abbildungen dieser Arbeit als wertvolles Andenken an diese unvergleichliche Sammlung angesehen werden.

AJH

JÜDISCHER SHOPHAR.

The linked image cannot be displayed. The file may have been moved, renamed, or deleted. Verify that the link points to the correct file and location.

PLATTE I.

BURGMOTE-HÖRNER.

SCHÖNE Hörner aus gehämmerter und geprägter Bronze, die den Gemeinden von Canterbury und Dover gehören. Das rechte stammt aus Dover, wo es früher für die Zusammenkunft der Gemeinde auf Befehl des Bürgermeisters verwendet wurde. Die Protokolle der Stadtverhandlungen waren stets mit „Beim gemeinsamen Hornblasen" (comyne Horne Blowying) überschrieben. Diese Praxis wurde bis zum Jahr 1670 fortgesetzt und ist noch nicht ganz abgeschafft, da es bei bestimmten städtischen Zeremonien immer noch geblasen wird. Das Motto auf diesem Horn lautet:

JOHANNES DE · ALLEMAINE · ME · FECIT ·

davor stehen die Talismanbuchstaben A·G·L·A, die für das hebräische

אֲדֹנָ לְעוֹלָם גְּבוֹר הָ · אַת

und bedeutet: „Du bist mächtig für immer , oh Herr!" Das Horn, das 31 ¾ Zoll lang ist und am breiteren Ende einen Umfang von 15 ½ Zoll hat, ist aus Messing und ist tief mit einem spiralförmigen Laubwerk hauptsächlich auf schraffiertem Grund verziert. Die Inschrift befindet sich auf einem Band, das vier Zoll von der Mündung entfernt beginnt und sich spiralförmig fortsetzt. Der Name des Herstellers ist heute fast verwischt, aber die Inschrift zeigt, dass er ein Deutscher war, und das Datum wird dem 13. Jahrhundert zugewiesen. In einem Artikel im *Antiquary* (Bd. 1, S. 253–55) des verstorbenen Llewellyn Jewitt, FSA, der hier teilweise verwendet wurde, heißt es, dass auf der Vorderseite des ältesten Siegels von Dover, das angeblich im Jahr 1305 hergestellt wurde, zwei Hornbläser im Heck eines Schiffes abgebildet sind, die jeweils ein Horn ähnlich diesem Exemplar blasen.

Das linke Burgmote- Horn gehört der Corporation of Canterbury, und Aufzeichnungen über seine Verwendung für die Einberufung von Versammlungen der Corporation sind von 1376 bis zum Jahr 1835 erhalten. Die Sehnenmessung des Bogens dieses Horns beträgt 36 Zoll.

Das Alter von Hörnern, ob aus Natur oder Metall, als Blasinstrumente ist wohlbekannt. Ihr Einsatz in einigen religiösen Zeremonien weist auf Bräuche hin, die schon alt waren, als die ältesten historischen Monumente, die wir besitzen, errichtet wurden. Die hebräische Formelsammlung zum Doverhorn erinnert uns an das jüdische Shophar, auf das besonders in der Einleitung (Seite xii) Bezug genommen wird – ein Widderhorn, das normalerweise gerade gebogen und abgeflacht ist und nicht nur das einzige antike Musikinstrument ist, das tatsächlich im mosaischen Ritual erhalten geblieben ist, sondern auch das älteste bekannte Blasinstrument, das heute noch weltweit verwendet wird. Es wird von Juden noch immer am Neujahrstag und am Fastentag des Versöhnungstages gespielt.

In England wurden Hörner als eine der verschiedenen Methoden der Erbschaftsübertragung verwendet. Sie wurden entweder in Frank Almoigne , in Fee oder in der Serjeantry als Transportinstrumente übernommen und sind aus diesem Grund oft erhalten geblieben.

The linked image cannot be displayed. The file may have been moved, renamed, or deleted. Verify that the link points to the correct file and location.

PLATTE II.

HARFE DER KÖNIGIN MARIA.

DIESES ehrwürdige Instrument, die am wenigsten beschädigte noch existierende gälische Harfe, ist als Queen Marys Harfe bekannt und gehört C. Durrant Steuart, Esq., aus Dalguise bei Dunkeld. Wir können nur sieben gälische Harfen zählen, die möglicherweise aus der Zeit vor dem 18. Jahrhundert stammen. Die ältesten sind die Queen Mary- und die Lamont-Harfe, die sich heute in Edinburgh befinden, sowie die nach Brian Boru (Boromha) benannte Harfe, die im Trinity College in Dublin aufbewahrt wird. Diese drei stammen aus der Zeit vor, vielleicht sogar noch weiter vor dem 15. Jahrhundert. Die Queen Mary- und die Brian Boru-Harfen ähneln sich am meisten. Sie sind klein: Die Queen Mary-Harfe ist nur 31 Zoll hoch und misst von hinten nach vorne 18 Zoll. Sie wurde auf dem linken Knie und an der linken Schulter des Spielers gespielt, dessen linke Hand die oberen Saiten berührte. Der Kamm ist 2½ bis 3¼ Zoll hoch. Er ist schräg in den Schallkasten eingesetzt und ragt etwa 14 Zoll hervor. Der Klangkörper, in Form eines ausgehöhlten Dreiecksstumpfs, ist oben 5 Zoll und unten 12 Zoll breit, die Tiefe beträgt 4½ Zoll. Der Bogen oder Unterarm misst in gerader Linie 27½ Zoll, die Sehne des Bogens der inneren Kurve beträgt 23 Zoll. Die Vorderseite ist so erweitert, dass sie einen bequemen Halt für die Hand bietet; sie verjüngt sich oben und unten leicht und endet in beiden Richtungen in kühn geschnitzten Tierköpfen symbolischen Charakters. Die Saiten waren aus Messing und es gab 29 an der Zahl und wurden durch die Fingernägel des Spielers zum Klingen gebracht, die zu diesem Zweck lang wachsen durften. An der Queen Mary Harp wurde später eine weitere (tiefste) Saite angebracht. Diese Saite maß 24 Zoll, die höchste Diskantsaite 2½ Zoll; welchen Tonumfang die Harfe hatte, lässt sich heute nicht mehr sagen, aber der Tradition irischer Harfenspieler folgend basierte die Übereinstimmung auf der alten diatonischen Tonleiter mit der kleinen Septime, die manchmal durch die große Septime ersetzt wurde. Aus den Vorlesungen des verstorbenen Dr. Eugene O'Curry erfahren wir , dass die alten Iren drei Tonarten in ihrer Musik hatten: „Weinen“, „Lachen“ und „Schlafen“. Was auch immer diese Stimmungen waren – und wahrscheinlich hatten die schottischen Highland-Musiker die gleichen –, ihr Geheimnis liegt im Holz der Harfen verborgen, die einst darauf reagierten. In diesem und vielen anderen Fällen auf diesen Tafeln sind die Instrumente nicht bespannt dargestellt. Es ist unmöglich, alte Instrumente unter dieser ständigen Spannung zu halten, und sie nur zu bespannen, um sie dann bespannen zu lassen, wäre mit vielen Nachteilen verbunden gewesen.

Die Geschichte der Queen Mary Harp basiert auf der Familientradition ihrer früheren Besitzer, den Robertsons von Lude in Perthshire, aber sie ist durch verschiedene Medien unglaubwürdig geworden. Lange Zeit glaubte man, sie sei Maria Stuarts Eigentum gewesen, und der Lude-Tradition zufolge waren am rechten oberen Kreis des Bogens goldene und mit Juwelen besetzte Ornamente angebracht, darunter ihr Porträt und das königliche Wappen Schottlands, die um 1745 gestohlen wurden. Die historische Untersuchung mit den Informationen zu dieser Harfe stammt von John Gunn, FSAE, und wurde 1807 unter der Schirmherrschaft der Highland Society veröffentlicht. Ein Vortrag vor der Society of Antiquaries of Scotland von Herrn Charles D. Bell, FSA Scot. , und veröffentlicht in ihren *Proceedings* für 1880-81, aus denen ich Auszüge angefertigt habe, untersucht gründlich die Fakten, die daraus abgeleitet werden können und die wie folgt akzeptiert werden können: – Königin Maria von Lothringen, die Mutter von Maria Stuart, schenkte diese Harfe Beatrix Gardyn von Banchory, Aberdeenshire. Beatrix Gardyn war mit Finla Mór verheiratet, und aus dieser Ehe stammt die Familie von Farquharson von Invercauld in Braemar. Finla Mór wurde in der Schlacht von Pinkie im Jahr 1547 n . Chr. getötet. John Robertson, der elfte in der Nachfolge von Lude, heiratete Margaret Farquharson, die einzige Tochter des damaligen Laird von Invercauld. Er war 56 Jahre lang im Besitz von Lude und starb 1730 n . Chr. Der letzte Spieler dieser alten Harfe war sein Urenkel, General Robertson, der beide Lude-Harfen 1805 der Highland Society zur Untersuchung lieh. General Robertson scheint geglaubt zu haben, dass Lude diese Harfe durch die Heirat von John, dem elften Laird, mit einem direkten Nachkommen von Beatrix Gardyn erworben hat, aber folgt man Burkes Genealogie der Familie, scheint sie mit Beatrix Gardyn selbst nach Lude zu kommen, als sie John, den siebten Laird, heiratete. Die Robertsons von Lude sind in direkter Linie ausgestorben, aber die Familie von Gardyn wird durch Francis Garden-Campbell, Esq., von Troup und Glenlyon vertreten .

Die Harfen der Queen Mary und die Lamont-Harfe sind als Leihgabe (1887) im Museum der Scottish Society of Antiquaries in Edinburgh ausgestellt. Es sei erwähnt, dass bei ihrer Ausstellung in der Music Loan Collection in South Kensington erstere für 1.500 £ und letztere für 1.000 £ versichert waren.

The linked image cannot be displayed. The file may have been moved, renamed, or deleted. Verify that the link points to the correct file and location.

- 21 -

TAFEL III.

DIE LAMONT-HARFE.

Die Highland-Harfe, bekannt als Clarsach Lumanach oder Lamont-Harfe, gehört dem Besitzer der Queen Mary Harp, C. Durrant Steuart, Esq., aus Dalguise , Perthshire. Beide Harfen wurden 1805 auf Ersuchen der Highland Society von General Robertson aus Lude, dem sie zu dieser Zeit gehörten, nach Edinburgh geschickt, und 1807 wurde unter der Schirmherrschaft der Gesellschaft ein Buch mit dem Titel „ *Eine historische Untersuchung über die Aufführung der Harfe in den schottischen Highlands von den frühesten Zeiten bis zu ihrer Einstellung um das Jahr 1734* " von John Gunn, FASE, veröffentlicht. Darin werden die Harfen beschrieben und eine Version der Familienüberlieferung der Ludes wiedergegeben, zusammengestellt aus Briefen von General Robertson, die jetzt leider nicht mehr erhältlich ist. Obwohl Mr. Gunns Geschichte über die Queen Mary Harp so ausgeschmückt ist , dass sie als Geschenk an Maria Stuart dient, scheint die Geschichte über die Lamont Harp der einfachen Aussage des ursprünglichen Erzählers zu entsprechen und lässt sich so möglicherweise aus einem in den *Proceedings of the Society of Antiquaries of Scotland* , 1880-81, von Mr. CD Bell, FSA Scot, veröffentlichten Aufsatz zusammenfassen . : „Die Familientradition von Lude besagt, dass die größere dieser Harfen seit mehreren Jahrhunderten als Clarsach Lumanach oder Lamont-Harfe bekannt war und dass sie von einer Tochter der Familie Lamont aus Argyllshire mitgebracht wurde, als sie 1464 Robertson von Lude heiratete. Sie soll die ältere der beiden sein. Wenn man den wahrscheinlich ruhigen Platz im Haus von Lude berücksichtigt und die Tatsache, dass sie dort wahrscheinlich geschätzt und gepflegt wurde, sowie die Tatsache, dass die Reparaturen sehr alt zu sein scheinen, dann könnte die Clarsach Lumanach bereits vor 1464 ein altes, kaputtes und repariertes Instrument mit einer vortraditionellen Geschichte gewesen sein, die wir nie zu erfahren hoffen können." Aus Burkes Buch „ *Landed Gentry* " mit dem Titel „Lineage of the Robertsons of Lude" erfahren wir, dass Charles, der fünfte Laird von Lude, Lilias, die Tochter von Sir John Lamont von Lamont, dem Oberhaupt dieses Clans, heiratete und dass „dieser Dame, Lilias Lamont, eine jener sehr merkwürdigen alten Harfen zukam, die sich seit mehreren Jahrhunderten im Besitz der Familie befinden."

Die Zeichnung zeigt die Harfe, wie sie ist, und mag es schon seit Jahrhunderten gewesen sein, aber Herr M'Intyre North schlägt in seinem *Buch des Clubs der wahren Highlanders* , London, 1880, vor, durch einen längeren Bogen oder Unterarm zu ersetzen, um diese Harfe in die Linie der Queen Mary Harp und der von Brian Boru zu bringen. An dieser Stelle genügt die

Feststellung, dass der vorliegende Bogen in seinen Maßen mit denen der Queen Mary- und Brian Boru-Harfen übereinstimmt und sicherlich sehr alt ist. Gegen ihre Originalität spricht die Tatsache, dass die Lamont-Harfe offenbar schon immer zweiunddreißig Saiten hatte und für die drei zusätzlichen Diskantsaiten ein längerer Bogen hätte erforderlich sein müssen.

Die äußerste Länge der Lamont-Harfe beträgt 38 Zoll und die äußerste Breite 18½ Zoll. Der Klangkasten ist wie bei anderen antiken Harfen aus einem Stück Holz ausgehöhlt, die Rückseite wurde bei diesem Instrument jedoch erneuert, wenn auch vermutlich schon vor langer Zeit. Die Klangtruhe ist 30 Zoll lang, oben 4 Zoll breit und unten 17 Zoll breit. Der Kamm ragt 15½ Zoll hervor. Die abgebrochenen Teile des Bogens werden durch Eisenklammern zusammengehalten.

Was die musikalische Wirkung einer gut gespielten gälischen oder irischen Harfe betrifft, so ist der Eindruck einer solchen Darbietung, den Evelyn in seinem Tagebuch festhielt, zitierenswert. Er sagt: „Mein alter Bekannter und unvergleichlichster Spieler der irischen Harfe, Mr. Clarke, besuchte mich nach seinen Reisen . Er war ein ausgezeichneter Musiker , ein diskreter Gentleman, geboren in Devonshire (soweit ich mich erinnere). Solche Musik habe ich vorher oder nachher nie gehört , da dieses Instrument wegen seiner außerordentlichen Schwierigkeit vernachlässigt wurde; aber meiner Meinung nach ist es der Laute selbst oder allem, was mit Saiten spricht, weit überlegen ." An anderer Stelle spricht er von einem Mr. Clark (wahrscheinlich derselbe Interpret), der aus Northumberland stammt, und sagt über das Instrument: „Schade, dass es nicht mehr in Gebrauch ist; aber gut zu spielen erfordert tatsächlich den ganzen Menschen, wie mir Mr. Clark versichert hat , der, obwohl er ein Mann mit Qualität und Können ist , bereits im Alter von fünf Jahren an das Instrument herangeführt wurde , wie er mir, soweit ich mich erinnere, erzählt hat."

The linked image cannot be displayed. The file may have been moved, renamed, or deleted. Verify that the link points to the correct file and location.

- 24 -

PLATTE IV.

CORNEMUSE, KALABRISCHER
Dudelsack, MUSETTE.

Dudelsäcke (Cornemuse und Musette) und Drehleier (Vielle) wurden nach dem 13. Jahrhundert in die unteren Schichten, die Blinden und die wandernden Bettelmönche verbannt. Aber die feine Gesellschaft Frankreichs nahm diese Instrumente im modernen Arkadien Ludwigs XIV. und XV. wieder auf – allerdings nicht die Cornemuse , denn diese ist immer ein ländliches Instrument geblieben, wie man auf den glühenden Seiten von George Sands *Les Maîtres Sonneurs sehen kann* . Die Cornemuse , wie sie früher in Frankreich und den Niederlanden verwendet wurde, ist von der römischen *Tibia utricularis abgeleitet* und mit einem Beutel versehen, der vom Mund des Spielers aufgeblasen wird, während an der Melodiepfeife oder Spielpfeife ein Doppelrohrblatt befestigt ist. In neuerer Zeit ist sie mit zwei Borduntönen ausgestattet – le grand und le petit bourdon, die ebenfalls durch Rohrblätter zum Klingen gebracht werden und eine Oktave auseinander liegen. Die Musette, die die Cornemuse praktisch verdrängt hat , ist ein weicheres, angenehmeres Instrument mit einem Doppelrohrblatt und einem sehr schmalen, zylindrischen Rohr, wodurch es wie eine gestopfte Pfeife klingt, nur eine Oktave tiefer. Dies erklärt die kurze Erscheinung des Instruments. Die Bordune sind, wie man sehen wird, künstlicher als die der Cornemuse . Ein weiterer Unterschied besteht darin, dass der Sack stets von einem kleinen Blasebalg aufgeblasen wird, der mit dem linken Arm des Spielers bedient wird. Der northumbrische und der moderne irische Dudelsack werden ebenfalls mit Blasebälgen aufgeblasen und haben in Nordengland und Irland den großen, mit dem Mund aufgeblasenen Dudelsack ersetzt, der heute eindeutig als typisch schottisches Hochlandinstrument gilt. Die Musette in der Zeichnung besteht aus Ebenholz und Elfenbein mit Klappen aus Silber und hat einen mit Handarbeiten verzierten Sack. Der kleine Blasebalg besteht aus Walnussholz und ist mit Intarsien aus Die Melodiepfeife (le grand chalumeau) ist mit acht Grifflöchern versehen und mit sieben Klappen für die chromatischen Töne ausgestattet. Links von der Melodiepfeife oder dem Chanter befindet sich eine kleine flaschenförmige Pfeife mit sechs Klappen (le petit chalumeau), die den zusätzlichen Tonumfang nach oben enthält. Es gibt vier Borduntöne in einer Trommel, die mit dreizehn nebeneinanderliegenden Bohrungen von 5 bis 35 Zoll Länge durchbohrt ist. Die Trommel ist mit fünf in Rillen gleitenden Registern versehen, die die Länge der Öffnungen zum Stimmen der Borduntöne regulieren. Bachs

Musettes, die Alternativen zu seinen Gavottes, implizieren immer einen Bordunbass.

Es fällt auf, dass die hier abgebildete Cornemuse eine Spielpfeife und einen Bordun hat, die parallel in einem Schaft befestigt sind. Erstere hat acht Grifflöcher und, wie die des schottischen Dudelsacks, ein unbegriffenes Luftloch. Der mit karmesinrotem Plüsch überzogene Sack ist zum Aufblasen mit einem kurzen Mundstück in der Nähe des Halses ausgestattet.

Der kalabrische Dudelsack oder Zampogna ist ein grob geschnitztes Instrument aus dem 18. Jahrhundert. An einem Schaft sind vier Drohnen befestigt, die am Ende der Tasche nach unten hängen. Zwei davon sind mit Grifflöchern versehen. Die Rohrblätter sind doppelt wie bei der Oboe und dem Fagott. Die Tasche ist groß; Es wird mit dem Mund aufgeblasen und mit dem linken Arm gegen die Brust des Darstellers gedrückt. Die Zampogna wird hauptsächlich als Begleitung einer kleinen gleichnamigen Rohrmelodienpfeife verwendet, die von einem anderen Interpreten gespielt wird. Die Qualität des erzeugten Tons ist nicht unerfreulich. Sie hat nur fünf Löcher und daher fehlt die Septime der Tonleiter. Dies lässt sich jedoch leicht erreichen, indem man den offenen Ton der Pfeife oktaviert und einen Teil der unteren Öffnung der Spielpfeife mit dem kleinen Finger bedeckt.

Die hier gezeigten Exemplare Musette, Zampogna und Cornemuse stammen von Exemplaren der Herren J. & R. Glen, Edinburgh.

The linked image cannot be displayed. The file may have been moved, renamed, or deleted. Verify that the link points to the correct file and location.

- 27 -

TELLER V.

Dudelsack.

In Fortsetzung der Dudelsäcke zeigt diese Tafel im Instrument mit purpurroter Tasche den modernen nordumbrischen Dudelsack. Die vier aus einem Schaft stammenden Drohnen sind mit Messing und Elfenbein bestückt. Die Spielpfeife oder Melodiepfeife hat vorne sieben Grifflöcher und eines hinten; außerdem sieben Messingschlüssel. Da beim Spielen des Instruments jeweils nur ein Loch offen ist, nennt man diese Spielweise enges Fingern. Chanter und Bordun sind an den Enden mit Anschlägen versehen. Das Instrument mit der blauen Tasche ist der alte nordumbrische Dudelsack. Es verfügt über drei mit Silber und Elfenbein besetzte Drohnen unterschiedlicher Größe; die längste ist eine Oktave und die mittlere eine Quarte tiefer gestimmt als die kürzeste. Die Spielpfeife ist aus Elfenbein und hat vorne sieben Löcher und eines hinten. Der große Dudelsack mit grünem Sack ist der Lowland Scotch. Es besteht aus Buchsbaum und hat drei Drohnen in einem Stock. Die beiden kürzeren Borduntöne erklingen unisono, der lange eine Oktave tiefer, genau wie beim Highland Bagpipe. Sie sind mit geschnitztem Horn bestückt. Die Spielpfeife hat sieben Grifflöcher und ein Entlüftungsloch, ebenfalls das gleiche wie beim Highland-Dudelsack, mit dem der Lowland-Dudelsack in der Griffweise und anderen Einzelheiten übereinstimmt, mit der Ausnahme, dass er durch einen Blasebalg aufgeblasen wird, der über ein kurzes Blasrohr am Beutel befestigt ist , eine Besonderheit, die es mit den anderen Dudelsäcken auf dieser Platte gemeinsam hat. Auch der Blasebalg des modernen nordumbrischen Dudelsacks ist gezeichnet.

Der Dudelsack ist, wie Herr Henri Lavoix in seiner *La Musique au Siècle de Saint Louis* zu Recht gesagt hat , die auf ihre einfachste Form reduzierte Orgel. Es ist von großer Antike und war im Mittelalter in Europa allgemein beliebt. Es war in England ebenso bekannt wie in Schottland, in Frankreich wie in Italien und Deutschland. Shakespeare erkennt Falstaff im ersten Teil von Heinrich IV. so melancholisch zu sein wie die Laute eines Liebhabers oder das Dröhnen eines Lincolnshire-Dudelsacks. Wenn wir anhand der besonderen Größe des schottischen Dudelsacks urteilen dürfen, scheint es fast sicher, dass das Instrument in seinen modernen Formen aus dem Osten stammt und höchstwahrscheinlich von den Kreuzfahrern mitgebracht wurde. Dies gilt natürlich nicht für das antike Prinzip von Pfeife und Luftspeicher, das auf die Römer zurückgeht, sondern für die Bohrung der Grifflöcher des Chanter, der Rohrpfeife, mit der die Melodie gespielt wird. Durch ihre Position und Größe sind die Intervalle so reguliert, dass die Terzen weder Dur noch Moll sind, sondern ein neutrales oder mittleres

Intervall ergeben, das weder das eine noch das andere ist. Diese mittlere Terz aus einem Ton und drei Vierteln wurde nirgendwo sonst in Europa beobachtet, aber im Osten, in Syrien und Ägypten und in anderen Teilen kommt sie häufig vor und verleiht der Musik einen besonderen Charakter. nicht zu erklären, aber zu spüren. Ein historischer Ursprung der mittleren Terz findet sich in Herrn AJ Ellis' Aufsatz „On the Musical Scales of Different Nations" (S. 498), veröffentlicht im *Journal of the Society of Arts* , London, März 1885. Modern Bagpipes die Schlüssel haben, sind natürlich unterschiedlich.

Was das Alter vorhandener Dudelsäcke betrifft, so besitzen die Herren Glen aus Edinburgh einen mit den eingeschnitzten Initialen R. M c .D . und die hebridische Galeere, die das Datum 1409 trägt. Diese gilt jedoch nicht als die älteste existierende , da die M'Intyre- Pfeife, die N. Robertson M'Donald , Esq., aus Kinlochmoidart gehörte , angeblich in Bannockburn gespielt wurde. Da es nur einen Bordun besitzt, verfügt es über die Besonderheit, dass es auf jeder Seite des Chanters zwei Luftlöcher anstelle von einem gibt, um einen rechts- oder linkshändigen Spieler unterzubringen. In beiden Fällen wird ein Loch vorübergehend gestoppt. Die Pfeife von Messrs. Glen hat zwei Drohnen in einem Schaft. Der Name M'Intyre , durch den sich die Pfeife von Herrn Robertson M'Donald auszeichnet, leitet sich von den erblichen Pfeifern der Häuptlinge von Menzies und Clanranald ab . Beide alten Dudelsäcke sind im *Buch des Club of True Highlanders von Herrn* M'Intyre North abgebildet . Die hier gezeichneten Dudelsäcke stammen von Exemplaren der Herren J. & R. Glen, Edinburgh.

The linked image cannot be displayed. The file may have been moved, renamed, or deleted. Verify that the link points to the correct file and location.

- 30 -

PLATTE VI.

CLAVICYTHERIUM ODER
AUFRECHTES SPINET.

DIESES außerordentlich interessante und seltene Tasteninstrument, das jetzt im Besitz von Mr. Donaldson ist, gehörte einst zur Sammlung des Grafen Correr von Venedig. Auf dem Instrument ist weder der Name des Herstellers noch ein Datum angegeben. Es ist von der Art, die der erste Autor über Musikinstrumente, Virdung (*Musica getutscht und auszgezogen* , Basel, 1511), Clavicytherium nannte und eine Zeichnung eines solchen Instruments beisteuerte. Es handelt sich in Wirklichkeit um ein aufrecht stehendes Spinett. Die Innendekoration, die so alt ist wie das Instrument selbst, könnte norditalienisch oder süddeutsch sein, die Quellen sind sich nicht einig, aber ein Stück Papier, das möglicherweise vom Hersteller über einen Riss an der Innenseite der hölzernen Rückseite geklebt wurde, erweist sich als Fragment eines in Ulm geschlossenen Mietvertrags oder Abkommens, was für den schwäbischen Ursprung spricht . Das Instrument kann kaum später als aus den ersten Jahren des 16. Jahrhunderts stammen und ist wahrscheinlich das älteste existierende Spinett oder Tastensaiteninstrument. Das früheste Datum, das für die Einführung des Spinetts angegeben werden kann, muss in der zweiten Hälfte des 15. Jahrhunderts liegen.

Die Klaviatur hat einen schmalen Tonumfang – drei Oktaven und eine kleine Terz – vom zweiten E unten bis zum zweiten G oben, dem eingestrichenen C, wobei diese Note das Hilfslinien-C zwischen dem Bass- und Violinschlüssel ist — ungefähr so viel wie der Tonumfang der menschlichen Stimme, der lange Zeit den Tonumfang von Tasteninstrumenten beherrschte. Zu Virdungs Zeiten wurde ihr Tonumfang erweitert. Es ist jedoch mehr als wahrscheinlich, dass die tiefste E-Taste hier auf das noch tiefere C heruntergestimmt wurde, gemäß der sogenannten „kurzen Oktav"-Anordnung, bei der das tiefste E, Fis und Gis so verändert wurden, **dass** Quarten **unter** F, G und A statt Halbtönen entstanden und so tiefe Dominantbässe für Kadenzen entstanden. Die Untersuchung der Plektren oder „Stößel" dieses Instruments zeigt, dass sie mit kleinen Zungen aus Draht und nicht mit Federkielen oder Leder wie bei späteren Spinettinstrumenten ausgestattet waren. Das Instrument befindet sich in einem bemalten Kiefernholzgehäuse , dessen Innenseite ebenfalls bemalt ist. Eine Besonderheit im Inneren ist der Kalvarienberg unter dem schmalen

Resonanzboden, dessen Schalllöcher, nach dem in einem erhaltenen Ornament zu urteilen, Flamboyantfenster waren. Ursprünglich müssen dort auch Figuren gewesen sein, vielleicht die Verklärung oder die Kreuzigung, aber von ihnen ist keine Spur mehr vorhanden. Die Behandlung der Landschaft bestimmt ohne andere Beweise fast genau die Epoche, in der das Instrument gebaut wurde.

Der Ständer und die Malereien an der Tür, von denen eine eine Figur zeigt, die einen Spiegel und eine Schlange hält, sind späteren Datums.

Die Abmessungen dieses wirklich bemerkenswerten Spinetts betragen: Höhe des Instruments 4 Fuß 10½ Zoll und Breite 2 Fuß 3 Zoll, wobei die Tastatur 2 Fuß breit ist. Die Tiefe des Gehäuses beträgt an der Basis 11 Zoll und verringert sich nach oben auf 5 5/8 Zoll . Der Tisch, auf dem es steht, ist 2 Fuß hoch und 2 Fuß 11 Zoll breit.

TAFEL VII.

OLIPHANT.

Ein Elfenbein-Jagdhorn von Earl Spencer, Oliphant genannt, weil es aus Elfenbein ist und im Ornament die Wappen und Abzeichen von Ferdinand und Isabella von Portugal trägt, kann als aus der ersten Hälfte des 16. Jahrhunderts stammend angesehen werden, der Riemen und Die Schnalle ist offensichtlich eine spätere Ergänzung. Die schöne Schnitzerei, die an diesem Horn so auffällig ist, soll von Negern an der Westküste Afrikas ausgeführt worden sein, die Elfenbein für die Portugiesen schnitzten; das Wappen Portugals, mit den Unterstützern, zwei Engeln, die den Schild auf den Kopf stellen und oft auf ihrem Werk erscheinen.

Philipp II. von Spanien heiratete 1543 Maria, die Tochter des Königs von Portugal. Sie starb 1545. Die Schnitzerei des Horns wurde wahrscheinlich in dieser Zeit fertiggestellt, und als Philipp nach England kam, um Maria Tudor zu heiraten, brachte er das Horn möglicherweise mit ihn.

Burgmote Horns (Tafel I.) genannten Verwendungszwecken wurden Hörner geblasen, um bei Gefahr Alarm zu schlagen, um die Ankunft angesehener Besucher anzukündigen, und, wie uns Herr M'Intyre North in Bezug auf das Horn in Drummond Castle mitteilt, um den Haushalt und die Gäste zum Abendessen einzuladen. Aber Hörner beschränkten sich nicht nur auf das Aufziehen, es gab auch Trink- und Pulverhörner, oft wunderschön verziert.

Die maximale Länge dieses Horns, gemessen entlang der Außenseite der Kurve und einschließlich des Mundstücks, beträgt 28¼ Zoll. Der größte Umfang beträgt 11½ und der kleinste 2¾ Zoll.

- 34 -

PLATTE VIII.

KÖNIGIN ELIZABETHS JUNGFRAU.

DIESES schöne Spinett ist in der Zeichnung auf einem Ständer platziert, der als Stütze im Tudor Historical Room der Musikleihsammlung von 1885 diente. Ich glaube, dass dieses Instrument italienisch und nicht flämisch oder englisch war, und italienische Spinette hatten es Sie hatten keine Ständer oder Beine, sondern wurden bei Bedarf aus einem äußeren Gehäuse herausgezogen, wie es bei diesem der Fall war, und auf einen Tisch oder eine andere geeignete Position gestellt. Sie wurden sogar in Gondeln mitgenommen, wie Evelyn berichtet, zum Vergnügen und zur Aufführung von Serenaden.

Wir können davon ausgehen, dass das Jahr 1570 ungefähr das Datum dieses Instruments ist. Die grün-goldene Verzierung, einschließlich eines zweieinhalb Zoll breiten Goldrandes an der Innenseite der Oberseite, ist später, vielleicht fast hundert Jahre alt. Eine undeutliche Zahl auf der Rückseite des Gehäuses im Inneren scheint 1660 zu sein. Das königliche Wappen Elisabeths prangt an einem Ende links neben der Tastatur; rechts sieht man eine gekrönte Taube aufsteigen. Die Taube hält in ihrem rechten Fuß ein Zepter ; Darunter steht eine Eiche. Diese Dekoration, ob original aus dem Jahr 1660 oder die Kopie einer früheren, untermauert bei weitem die Behauptung, dass dieses Spinett Königin Elizabeth gehörte. Ihr Musikgeschmack, den sie von Elisabeth von York geerbt hat, und ihr Können als Spinettspielerin bedürfen nur einer flüchtigen Erwähnung.

Ich bezeichne das Instrument als Spinett, weil ein echtes Virginal ein Parallelogramm und kein trapezförmiges Instrument ist. Die Zuschreibung von virginal als Oberbegriff ist jedoch nicht falsch; denn alle Tasten-Saiteninstrumente mit Buchsen waren in England von der Tudor-Epoche bis zur Commonwealth-Epoche als Virginals bekannt.

Es gibt in diesem Instrument fünfzig Federkielen (Plectra). Die natürlichen Tasten, dreißig an der Zahl, bestehen aus Ebenholz mit goldenen Arkadenfronten, und der Tonumfang besteht aus vier Oktaven und offenbar einem Halbton von B bis C. Die tiefste natürliche Tonart war jedoch G gestimmt, als das Instrument in Gebrauch war. Die Halbtontasten, zwanzig an der Zahl, beginnen offenbar mit C ♯ , diese wurden jedoch auf A gestimmt, um die Anordnung der „kurzen Oktave" fortzusetzen. Sie sind sehr kunstvoll, mit Einlagen aus Silber, Elfenbein und verschiedenen Hölzern versehen und sollen jeweils aus etwa zweihundertfünfzig Stücken bestehen. Die Bemalung des Gehäuses des Instruments erfolgt auf Gold mit Karmin und Ultramarin, die Metallornamente sind minutiös eingraviert. Das äußere Gehäuse besteht aus Zedernholz, ist mit purpurrotem Genua-Samt überzogen und innen mit gelber getigerter Seide ausgekleidet. Es gibt drei vergoldete Schlösser, fein graviert. Das gesamte Gehäuse ist fünf Fuß lang, 16 Zoll breit und sieben Zoll tief. Queen Elizabeths Virginal wurde 1803 beim Verkauf von Lord Spencer Chichester in Fisherwick von Mr. Jonas Child, einem Maler in Dudley, gekauft. Rev. JM Gresley erwarb es 1840. Seitdem (1887) wurde es von Rev. Nigel Gresley für das South Kensington Museum erworben.

TAFEL IX.

KÖNIGIN ELIZABETHS LAUTE.

Saiteninstrumente mit einem Griffbrett, die mit den Fingern oder einem Plektrum berührt werden, können, wie in der Einleitung erwähnt, in zwei Haupttypen unterteilt werden: die Laute und die Gitarre, wobei die erstere einen abgerundeten Boden und die letztere einen flachen Boden hat . Beide stammen aus dem Osten. Gemäß dieser Einteilung muss das schöne Instrument namens Königin Elisabeths Laute auf den Namen Laute verzichten und als Gitarre betrachtet werden. Da es sich um ein Saiteninstrument handelt, gehört es zu der Art von Gitarre, die als Cither bekannt ist, und aufgrund der Krümmungen der Zargen, aber da der Steg nicht schräg gestellt ist, würde ich geneigt sein, das Instrument als Pandore oder Penorcon zu spezialisieren . Praetorius betrachtete den Pandore und seine Varianten Orpheoreon und Penorcon als eine englische Erfindung. Dieses Instrument, Eigentum von Lord Tollemache, wurde in London von John Rose hergestellt, wie das Etikett bezeugt :

Johannes Rosa, Londini fecit ,
In Bridwell, am 27. Juli 1580.

Es ist unendlich anmutiger als jedes Pandore und lässt sich vielleicht am besten durch die in die Rippen eingravierte Bezeichnung des Herstellers „ Cymbalum Decachordum " beschreiben. Es hatte, wie der Name schon sagt, zehn Saiten aus Draht, die in fünf Paaren im Gleichklang gestimmt und mit einem Plektrum gespielt werden konnten.

Die Schnitzerei ist überaus schön und hält dem Vergleich mit zeitgenössischen italienischen Arbeiten stand. Die juwelenbesetzten Die Mitte der Rose im Schallloch ist so schön, dass eine vergrößerte Zeichnung davon angefertigt wurde, um sie besser zur Geltung zu bringen. Die Schale auf der Rückseite ist ein charakteristisches Merkmal, das Aufmerksamkeit verdient.

Die maximale Länge dieses Instruments beträgt 2 Fuß 11 Zoll. Die Körperlänge beträgt 1 Fuß 4 Zoll. Die äußerste Breite unter der Rosette und in der Nähe des Saitenhalters beträgt 12 Zoll. Die Breite, gemessen in der Mitte der Rose, beträgt 10 Zoll. Die Tiefe der Rippen variiert zwischen 1½ und 3 Zoll, wobei die größte Tiefe in der Nähe des Griffbretts liegt.

Die Traditionen, die sich an Instrumente dieser Art knüpfen, bedürfen einer sorgfältigen Prüfung. Die Harfe der Königin Maria zum Beispiel kann nicht das Geschenk Maria Stuarts von Schottland an Beatrix Gardyn gewesen sein, obwohl ihr Porträt und Wappen sie einst geziert haben sollen. Die Zuschreibung eines Spinetts oder einer Jungfrau an Königin Elizabeth beruht ausschließlich auf den Beweisen, die sich aus dem Instrument selbst ergeben. Diese sogenannte Laute wird zweifellos von einer Familientradition gestützt, und die Geschichte wird in Burkes *Peerage* („Linie der Familie Dysart", 1884) so erzählt: „Sir Lionel Tollemache, of Helmingham , High Sheriff of Norfolk and Suffolk." im Jahr 1567. Im Jahr 1561 wurde Königin Elizabeth geehrt Helmingham mit ihrer Anwesenheit und blieb dort vom 14. bis einschließlich 18. August und wurde äußerst gastfreundlich und üppig bewirtet. Während des Besuchs Ihrer Majestät trat sie als Patin für Sir Lionels Sohn auf und überreichte der Mutter des Kindes ihre Laute, die noch immer in Helmingham Hall, Grafschaft Suffolk, dem Sitz von Lord Tollemache von Helmingham, aufbewahrt wird . „ Leider passen die Daten nicht. John Roses Die Laute aus dem Jahr 1580 könnte zwar möglicherweise Königin Elisabeth gehört haben, konnte aber nicht die Laute aus dem Jahr 1561 gewesen sein. Es ist jedoch die Überlieferung, die möglicherweise in die Irre gegangen ist, und ein Fehler an ihr beseitigt sie nicht ganz eine plausible Zuschreibung.

The linked image cannot be displayed. The file may have been moved, renamed, or deleted. Verify that the link points to the correct file and location.

- 39 -

TAFEL X.

DIE RIZZIO-GITARRE.

DIESE wunderschöne Gitarre aus Schildpatt, kombiniert mit Elfenbein, Perlmutt und Ebenholz (Eigentum von Mr. George Donaldson, London) hat zehn Wirbel, die Lilien darstellen, und das Ornament um die Rose besteht aus derselben symbolträchtigen Blume. Dem verdankt sie zweifellos ihren romantischen Ruf, David Rizzio gehört zu haben. Das scheinbare Alter der Gitarre würde zu einem angeblichen Geschenk von Maria Stuart an Rizzio passen und die Lilie könnte sie mit der französischen oder schottischen Königsfamilie in Verbindung bringen; diese schwache Andeutung der Lilie, der die Gitarre ihr besonderes Interesse verdankt, reicht jedoch, ohne andere Beweise, kaum aus, um die faszinierende Zuschreibung zu untermauern. Mr. Donaldson teilte mir jedoch mit, dass dieses Instrument vor fast vierzig Jahren in Schottland von einer alten Familie gekauft wurde, die es seit Generationen besaß und von dieser Überlieferung ihres früheren Besitzers zeugt.

Diese Gitarre hatte zehn Saiten, die fünf Töne in Paaren von Unisono bildeten, statt sechs einzelner Saiten wie bei der modernen Gitarre, die sechs Töne ergeben. Es fehlt hier der tiefste Ton E. Das Instrument ist 3 Fuß 1 Zoll lang; der Korpus ist 18¾ Zoll lang und 10 Zoll breit. Die Zargen sind 3¾ Zoll tief.

Diese spanische Gitarre dürfte zum ersten Mal unter Heinrich VIII. nach England gekommen sein, da zu dieser Zeit gelegentlich die spanische Gambe erwähnt wird, ein Streichinstrument, das möglicherweise von der echten spanischen Gitarre begleitet wurde. Es besteht jedoch kein Zweifel daran, dass sich die spanische Gitarre bereits zur Regierungszeit Elisabeths hier befunden hat, und sie könnte von Begleitern Philipps II. mitgebracht worden sein. als er Mary Tudor heiratete. In der zweiten Hälfte des 16. Jahrhunderts war es in Venedig bereits bekannt, geschätzt und hoch dekoriert; und es war auch in Frankreich bekannt, so dass es als Instrument sowohl Maria Stuart als auch Rizzio nicht fremd war. Allerdings war die Laute zu dieser Zeit am weitesten verbreitet, außer vielleicht in Spanien. Der Charakter des Designs dieser sogenannten Rizzio-Gitarre ist zweifellos maurisch.

- 41 -

PLATTE XI.

POSITIVES ORGEL.

Eine KAMMERORGEL, die sich früher in der Tolbecque- Sammlung befand und aus der Epoche Ludwigs XIII. stammt. Die Positivorgel war, wie der Name schon sagt, für den festen Standort bestimmt, während die kleinere tragbare Orgel (orgue portatif) zum Mitnehmen gedacht war. Die Anordnung der Pfeifen war bei beiden Orgeln normalerweise dieselbe – man könnte es die natürliche Reihenfolge nennen –, aufsteigend von der längsten Pfeife im Bass bis zur kürzesten im Diskant, aber bei einigen Positivorgeln waren die Pfeifen kreisförmig angeordnet, vielleicht um das Gewicht auf dem sogenannten Resonanzboden gleichmäßiger zu verteilen. Das Instrument hat mehr als ein Register. Es gibt authentische Darstellungen von Positiven in mehreren alten Gemälden, eines der bekanntesten ist das St.-Cäcilia-Tischbild von Hubert Van Eyck auf dem berühmten Altarbild der Anbetung des Lammes in Gent. Das ursprüngliche St.-Cäcilia-Tischbild, das sich jetzt in Berlin befindet, wurde nicht später als 1426 gemalt, aber das Tischbild in Gent ist eine gute Kopie. Ein weiteres St. Cecilia-Gemälde (um 1484) mit einem Orgelpositiv von einem unbekannten Maler ist nicht so berühmt, aber dennoch von sehr großem Wert. Es befindet sich im Holyrood-Palast in Edinburgh und ist ebenso wertvoll wie das Van Eyck-Gemälde, da es das Instrument und die so früh eingeführte chromatische Anordnung der Tasten getreu wiedergibt.

Die in diesem Band gezeichnete Positivorgel ist für den Kammergebrauch und nicht für den Chorgebrauch gedacht. Es hat drei Register, und die Zugstopps , die sie steuern, ragen wie bei den alten flämischen Cembali auf der rechten Seite des Gehäuses hervor. Das Hauptregister, das der Schaupfeifen aus vergoldetem Zinn, wird Montre genannt; und der Umfang reicht vom E unten bis zur Terz C oben, dem mittleren C – drei Oktaven und eine Sexte. Das zweite Register, ebenfalls aus Zinn, ist eine Oktave höher, erstreckt sich jedoch nur vom ersten E unten bis zum zweiten C darüber, dem mittleren C; Der Rest des Tastaturkompasses ist dem Montre entlehnt. Das dritte Register ist das Bourdon – an den oberen Enden gestoppte Holzpfeifen, deren Tonhöhe eine Oktave tiefer liegt als beim Montre. Die Bourdon erstreckt sich im Tonumfang von E eine Oktave und Sexte tiefer bis zum zweiten C darüber, dem mittleren C. Die drei Register in diesem Instrument liegen folglich in Oktavabständen, aber Praetorius (1619) beschreibt ein altes Positiv, in dem sich die Register in der Mitte befanden Verhältnis von Quinte und Oktave zur tiefsten! – eine Kombination, die das moderne musikalische Ohr ablehnt. Die Buchsbaum-

Naturtasten mit vergoldeter Papierfront, wie sie in diesem Exemplar zu sehen sind, waren bei den frühesten bekannten Tasteninstrumenten üblich. Die Abmessungen dieser positiven Orgel, einschließlich des Ständers, betragen: Höhe: 6 Fuß 4 Zoll; Breite: 2 Fuß 6 Zoll; und Tiefe: 1 Fuß 4 Zoll. Die Gemälde in den Türen zeigen links die heilige Cäcilia, die auf einer Positivorgel spielt, während drei Engel singen und ein vierter den Blasebalg bläst; rechts ist ein mit Lorbeer gekrönter Krieger in der Haltung des Zuhörens; Vor den Türen hängen Tafeln mit Gemälden einer Frau, die auf einem Geigeninstrument spielt, und einer anderen, die Flöte spielt. Auf der Spitze des Gesimses kräht ein Hahn. Diese Orgelpositiv ist Eigentum des Conservatoire Royal in Brüssel.

Platte XII.

Königlich.

Das hier abgebildete Regal ist der Prototyp des modernen Harmoniums, allerdings mit „schlagenden" und nicht „freien" Zungen. Die schlagende Zunge wird normalerweise in der Orgel verwendet und hat ihren Namen von den Zungen, die die Seiten ihrer Rahmen berühren. Die schlagende Zunge wurde im 15. Jahrhundert eingeführt, aber ob zuerst im einfachen Regal oder als Teil einer Orgel, ist nicht bekannt. In England wurde das Wort „Regal" auch zur Bezeichnung einer tragbaren Orgel verwendet, wie Sir John Hawkins Vorschlag zeigt, dass die Bühnenanweisung für die Spielerszene in Hamlet, „Ein Herzog und eine Herzogin mit königlichen Kronen treten auf", „mit Regalen und Kornetten" lauten sollte. Die ältesten deutschen Autoritäten, wie Virdung (1511) und Praetorius (1619), trennen sie und beschreiben das Regal als ein Zungeninstrument mit einer genau wie diese hier vorhandenen Klaviatur, eine Art Positiv und keine tragbare Orgel. Dieses Regal, das sich in der Tolbecque- Sammlung befand, wird dem Ende des 16. Jahrhunderts zugeordnet. Es stammt aus der Abtei Freudenfeld in der Schweiz und gehört jetzt dem Brüsseler Konservatorium. Victor Mahillon , der Kurator des Museums dieser Einrichtung, verzeichnet ein weiteres schönes Exemplar dieses sehr seltenen Instruments im Besitz der Gemeinschaft der Kanonikerinnen des Ordens von St. Augustin in Brüssel, der es vom Ordensgründer im Jahr 1625 geschenkt wurde. Das Regal soll in Klöstern häufig verwendet worden sein, um den Gesang der Nonnen zu begleiten. Die belgische Regierung erlaubte freundlicherweise, dass eine Auswahl von Instrumenten des Konservatoriums, zu denen auch das hier abgebildete Regal gehört, bei den historischen Konzerten im Juli 1885 im Musiksaal der Erfinderausstellung gespielt wurde. Dieses Instrument ist auf seinem Ständer 2 Fuß 8 Zoll hoch, die Breite ist ebenso groß und die Länge beträgt 4 Fuß 2 Zoll. Das Gehäuse ist aus fein geschnitztem Walnussholz. Der Tonumfang der Klaviatur reicht vom zweiten E unten bis zum zweiten A oben, dem eingestrichenen C – das entspricht ungefähr dem Umfang der menschlichen Stimme und dem häufigen Tonumfang alter Orgeln.

Das Wort „Regal" wurde davon abgeleitet, dass der Erfinder das erste Instrument einem König geschenkt hatte oder dass Könige in ihren Einrichtungen spezielle Orgelbauer hatten. Rigabello , ein heute unbekanntes Instrument, das der Orgel in Venedig vorausgegangen sein soll, wird ebenfalls als Ursprung des Namens genannt. Ich habe an anderer Stelle (

Encyclopædia Britannica , Artikel Pianoforte) vorgeschlagen, dass „Regal" von „ regula ", einer Regel, stammen könnte , da die Idee der Abstufung einer Klaviatur innewohnt. Das hölzerne Harmonikon wurde einst regal (régale en bois) genannt, wenn es über eine Klaviatur gespielt wurde .

TAFEL XIII.

TRAGBARE ORGEL UND
BIBELREGAL.

Die tragbare Orgel (orgue portatif , auch nimfali) war ein Prozessionsinstrument, das der Spieler an einem Riemen über die Schulter hängen ließ, sodass der Blasebalg an der Rückseite des Instruments mit der linken Hand des Spielers bedient werden konnte, während die Tasten mit den Fingern der rechten Hand berührt wurden. Aufgrund der hohen Tonlage der Pfeifen, der begrenzten Anzahl von Tasten und der Tatsache, dass sie nur mit einer Hand berührt wurden, ist es möglich, dass nur eine Stimme oder ein Teil gespielt wurde. Dasselbe gilt für die frühen großen Orgeln, außer dass bei ihnen jede Taste mehrere Pfeifen verschiedener Länge gleichzeitig erklingen ließ, um die Oktave, Duodezime und Superoktave und noch höhere entsprechende Intervalle zu erzeugen – tatsächlich war die große Orgel, mit Ausnahme der Prospektpfeifen, ein großes Mixturregister. Die Positiv- und tragbaren Orgeln waren kleinere Ausgaben des Haupt- oder Prospektpfeifenteils der großen Orgel. Von Orcagna und Fra Angelico im 14. Jahrhundert bis zu DG Rossetti und E. Burne Jones im 19. Jahrhundert war die tragbare Orgel ein beliebtes Musikinstrument für die Darstellung religiöser Motive durch Maler, und vom 14. bis zum 17. Jahrhundert war kein Musikinstrument in religiösen Einrichtungen beliebter . Ungeachtet dieser Tatsache sind mir nur zwei heute noch existierende bekannt, und sie stammen beide aus jüngerer Zeit, nämlich aus dem 17. Jahrhundert. Die hier abgebildete Orgel gehört dem Museum des Brüsseler Konservatoriums, während die andere, die Seiner Exzellenz dem Herzog von Athole gehört, in Blair Athole in Schottland aufbewahrt wird .

Die Brüsseler tragbare Orgel hat sechsundzwanzig in zwei Reihen angeordnete Metallpfeifen und ebenso viele Tasten in einem Umfang, der sich vom ersten E bis zum dritten F über dem mittleren C erstreckt. Auf dem Gehäuse befinden sich Gravuren auf Holz und Elfenbein, die einen Jüngling darstellen Sie spielt auf einer Harfe, während drei Jungen tanzen, und eine Frau spielt auf einer tragbaren Orgel, während ein Mädchen und zwei Jungen singen. Ein Holzschnitt des Harfenspielers befindet sich auf der Titelseite dieses Bandes. Auf jedem Schlüsselblock befindet sich ein herkömmlicher Löwe. Die Abmessungen sind: Höhe: 2 Fuß 6 Zoll; Breite: 2 Fuß; und Tiefe: 8 Zoll.

Die auf derselben Tafel abgebildete Bible Regal ist von derselben Art wie die schlagende Rohrblatt-Regal. Die Rohre, die die Rohrblätter umschließen, sind so gekürzt, dass sie diese praktisch nur bedecken. Das Instrument ist so konstruiert, dass es zusammengefaltet werden kann und im geschlossenen

Zustand wie ein Buch aussieht – daher der Name Bible Regal. Die in der Mitte mit Scharnieren versehene Klaviatur kann zum Spielen ausgeklappt werden. Bei dem abgebildeten Instrument hat sie vier Oktaven und eine Quarte. Den Blasebalg findet man, wenn man den Buchdeckel umdreht. Die Bible Regal soll etwa Mitte des 16. Jahrhunderts von George Voll, einem Orgelbauer aus Nürnberg, erfunden worden sein. Sie ist äußerst selten; ich kenne nur zwei, von denen eine Mr. Wyndham Portal aus Malshanger , Basingstoke, gehört und dieses Instrument Mrs. Frederick Pagden und ihrer Schwester Miss Ferrari.

TAFEL XIV. SO WIE ES

IST.

DAS Instrument, auf Italienisch „ Cetera ", heißt auf Französisch „ Cistre " und auf Englisch „Cither", manchmal Englisch Guitar. Sie gehört zur Gattung der Gitarre, da sie einen flachen Boden hat, alle Zithern jedoch mit Draht bespannt sind und die Töne wie bei der lautenförmigen Mandoline mittels eines Plektrums hervorgerufen werden. Dieses äußerst schöne Instrument aus dem frühen 16. Jahrhundert wird der Brescianer Schule zugeschrieben. Ehemals Eigentum der Biblioteca Estense in Modena wurde inzwischen von Herrn George Donaldson, London, erworben. In der Zeichnung ist zu erkennen, dass über dem Wirbelkasten eine Schnitzerei eines Frauenkopfes zu sehen ist, die sich in eine Eidechse verwandelt, die als Griff zum Halten des Instruments dient. Unterhalb des Griffbretts ist eine Meerjungfrau zu sehen, und in der Schnitzerei auf der Rückseite befinden sich zwei. Auch die Rippen sind geschnitzt. Um diese exquisite Schnitzerei in größerem Maßstab zu zeigen , sind die Meerjungfrau am Griffbrett und die Rose im Schallloch vergrößert dargestellt. Die maximale Länge des Instruments beträgt 3 Fuß; und die des Körpers, gemessen bis zum Hals, 19½ Zoll; die Anzahl der Saiten beträgt dreizehn. Praetorius gibt die Stimmung eines solchen Instruments wie folgt an: Die höchste ist die einzelne Melodiesaite.

Tafel XXVIII verglichen werden . – ein Instrument des berühmten Geigenbauers Antonio Stradivari.

The linked image cannot be displayed. The file may have been moved, renamed, or deleted. Verify that the link points to the correct file and location.

- 49 -

PLATTE XV.

LAUTE.

Eine FEINE alte italienische Laute mit der Aufschrift „1600, IN PADOVA Vvendelio Venere ". Es ist nicht nur selten, es ist auch von besonderem Interesse, da es das Lieblingsmusikinstrument des verstorbenen Carl Engel war. Als er seine Sammlung auflöste, reservierte er dieses Instrument für seinen eigenen Gebrauch, und wahrscheinlich war sein letzter Auftritt darauf Händels „ Lascia ch'io pianga ", das er dem jetzigen Autor vorspielte, der das Instrument jetzt besitzt.

Es handelt sich um eine große Laute mit einer Länge von 42 Zoll. Die größte Breite des Körpers beträgt 14½ Zoll, bei einer extremen Tiefe von 8 Zoll. Der Körper ist von der Basis bis zu den Schultern 21 Zoll lang; Von dort bis zur Mutter sind es 10¾ Zoll, und von der Mutter bis zum Ende des Kopfes sind es 13½ Zoll, wobei der Winkel des Wirbelkastens stumpf ist. Die mittlere Breite des Griffbretts beträgt 4 Zoll. Es ist mit zwanzig Saiten ausgestattet, die in sechs Unisonopaare unterteilt sind, und acht Einzelsaiten für Bässe. Engel hat es in der d-Moll-Stimmung gestimmt, einer Übereinstimmung, die laut Herrn Oscar Fleischer in der ersten Hälfte des 17. Jahrhunderts von dem großen französischen Lautenisten Denis Gaultier eingeführt wurde. Diese Übereinstimmung setzte sich letztlich nicht nur in Frankreich und England, sondern auch in Deutschland durch; Derselbe Autor teilt uns mit, dass Joseph Haydn es verwendet hat. Diese Laute ist, wenn sie so gestimmt ist, folgendermaßen arrangiert:

aber die alte Stimmung der Laute war, in Kammertonhöhe —

Mersenne (*Harmonie Universelle* , Paris, 1636) legt diese Griffbrettskala einen Ton höher an, mit dem Chanterelle auf A. Diese Änderung bedeutet eigentlich die Verwendung eines tieferen Tons. Durch Gaultiers Stimmung wird die Belastung von der höchsten Note genommen – eine Erleichterung von großer Bedeutung, wenn man den damals üblichen hohen Kammerton berücksichtigt, der fast einen Ganzton über dem normalen französischen

Ton liegt. Durch die zwölf Bünde auf dem Griffbrett für die höchsten Töne konnten die Melodiesaiten chromatisch um eine Oktave angehoben werden, wodurch der extreme Umfang des Instruments vier Oktaven und eine Note betrug, vom dritten F darunter bis zum zweiten G darüber, dem eingestrichenen C. Vor dem Jahr 1600 wurde die Laute, wie uns die alten Tabulaturen oder Lautennotationen zeigen, in Einzelnoten mit gelegentlichen Akkorden gespielt, eine Praxis, die aus dem Lautenspiel abgeleitet ist und häufig in der modernen Klaviermusik zu finden ist. Es gab Versuche eines Kontrapunkts, diese waren jedoch begrenzt, da nur eine Hand zum Greifen zur Verfügung stand. Es wurden gewisse Verzierungen verwendet, vor allem das *Vibrato*, aber es gibt Grund zu der Annahme, dass die Spieler sie schon eine Zeit lang verwendeten, bevor die Komponisten es für angebracht hielten, sie anzugeben. Mit der wachsenden Vorliebe für einfache Akkorde, die sich zur Continuo- oder Generalbassbegleitung entwickelten, wurden die Basssaiten - Diapasons, wie sie genannt wurden - unterhalb des Griffbretts hinzugefügt, damit sie je nach Wunsch des Spielers für Bässe gestimmt werden konnten. Schließlich wurden sie durch die Erfindung eines Doppelhalses an einem höheren Wirbelkasten befestigt, wodurch die Laute zur Theorbe wurde. Beide Arten wurden Anfang des 18. Jahrhunderts durch die Gitarre verdrängt, die leichter zu spielen war, und das äußerst beliebte Spinett, das aufgrund der Freiheit, beide Hände auf der Tastatur zu benutzen, die Ausführung eines vollständigen Kontrapunkts ermöglichte. An dieser Stelle könnte man über die meisterhafte Art nachdenken, in der zeitgenössische Maler Hände und Lauten zeichneten. Ich brauche nur die Meister der niederländischen Schule zu nennen, Frans Hals, Jan Steen und Terburg , insbesondere Steen, dessen wahrheitsgetreue Präzision Bewunderung verdient. Aus einer anderen Schule gibt es einen Lautenspieler, gezeichnet von Albrecht Dürer , der ein Wunder an Geschicklichkeit und Beobachtungsgenauigkeit ist.

Es gibt eine umfangreiche Literatur über die Laute aus dem 16., 17. und 18. Jahrhundert. Thomas Mace (1676) schreibt sehr amüsant darüber. Er bezeichnet die Lauten aus Venedig als allgemein gut, räumt aber Laux Maler aus Bologna den höchsten Stellenwert ein. Evelyn erwähnt in seinem Tagebuch auch Bologna als berühmt für Lauten, insbesondere für die der alten Meister Mollen, Hans Frey und Nicholas Sconvelt (*sic*), die Deutsche waren. Der erstgenannte Name ist wahrscheinlich Maler zugeschrieben. Zu Evelyns Zeit erzielten Lauten dieser Hersteller außerordentliche Preise. Die interessantesten modernen Werke über die Laute und über zeitgenössische Musik im Allgemeinen sind *La Musique aux Pays Bas* von Edmond Vander Straeten (Brüssel, 1867-85), aus einem zukünftigen Band, zu dem bereits eine Monographie mit dem Titel *Jacques de Saint-Luc, Luthiste Athois du xvii e siècle* (Mainz , 1887) veröffentlicht wurde ; *Musique et Musiciens au xvii e siècle* , eine Veröffentlichung der Société pour l'Histoire Musicale des Pays-Bas , herausgegeben von WJA Jonckbloet und JPN Land, die die musikalische Korrespondenz des Astronomen Constantin Huygens enthält (Leiden, 1882); und eine Monographie über den berühmten Pariser Lautenisten Denis Gaultier von Oscar Fleischer, die in der *Vierteljahrschrift für Musikwissenschaft* für Januar und April 1886 veröffentlicht wurde (Leipzig, Breitkopf und Härtel). Die ersten drei Viertel des 17. Jahrhunderts waren eine bemerkenswerte Zeit für die anspruchsvolle Pflege der Instrumentalmusik durch Amateurmusiker. Shakespeares Wertschätzung der Laute und seine anmutige Bewunderung für die Darbietung seines Freundes, des Lautenisten Dowland, sind wohlbekannt.

TAFEL XVI.

THEORBE.

Das hier abgebildete Instrument wurde 1629 von Giovanni Krebar aus Padua hergestellt und gehört heute Herrn George Donaldson, London.

Der Korpus dieses Instruments besteht aus Elfenbein; die Rückseite des Wirbelkastens und des Halses sind ebenfalls aus Elfenbein und mit einer Ansicht von Venedig fein graviert, die feuernde Schiffe und vorrückende Speerträger zeigt. Eingeritzte tanzende und fechtende Figuren zieren den unteren Hals; auf dem oberen Hals ist eine Gartenszene mit zahlreichen Figuren zu sehen. An den Wirbeln sehen wir, dass das Instrument acht Basstöne oder Diapasons hatte; eine einzelne Saite für jede Note, und dass sich auf dem Griffbrett fünf Doppelsaiten und eine, die höchste, einzelne Saite befanden – die Pfifferlings- oder Melodiesaite. Bei der echten Theorbe, der Paduaner laut Baron (*Untersuchung des Instruments der Lauten* , Nürnberg, 1727, S. 131), waren die Diapasons einzelne Saiten. Wenn die Mensur paarweise besaitet war, hieß das Instrument laut Mersenne (*Harmonie Universelle* , Paris, 1636) (französisch) „ Luth téorbé “ oder (italienisch) „ Liuto attiorbato “, also eine Laute mit Theorbe . Allerdings muss man zugeben, dass Mersennes Regel nicht streng anzuwenden ist. Die zunächst für Bässe eingeführten Einzelsaiten wurden schließlich überall allgemein üblich und verdrängten die Doppelsaiten bei Lauten, Theorben und Gitarren. Die Lauten waren zu dieser Zeit allerdings schon fast außer Gebrauch. Der Name Archlute wird von verschiedenen Autoritäten sowohl der Theorbe als auch der Chitarrone gegeben (Tafel XXI.).

Die frühe Verwendung nur einer Saite als höchste Saite oder Melodiesaite ist in den Lautendarstellungen der Quattro Cento -Maler zu sehen. Die Theorbe wurde jedoch erst gegen Ende des 16. Jahrhunderts eingeführt. Eine sehr genaue und schöne Darstellung einer Theorbe findet sich auf einem Bild von Terburg in der Londoner National Gallery (ehemals in der Peel Collection), das im gedruckten Katalog von 1887 fälschlicherweise „Die Gitarrenstunde" genannt wird.

Evelyn war mit der Theorbe gut vertraut und nahm in Rom und Padua Unterricht darauf. In seinem Tagebuch wird sie häufig erwähnt. Sie blieb bis fast zum Ende des letzten Jahrhunderts in Gebrauch.

Die Gesamtlänge dieses Exemplars beträgt 3 Fuß 5 Zoll; der Körper ist 1 Fuß 3½ Zoll groß und knapp 11 Zoll lang.

The linked image cannot be displayed. The file may have been moved, renamed, or deleted. Verify that the link points to the correct file and location.

- 54 -

TAFEL XVII.

HACKBRETT.

Wir leiten „Dulcimer" vom spanischen „ Dulcemele " als einzige Etymologie ab, die mit einiger Sicherheit angeboten werden kann. Das provenzalische „ Lai " war im Lateinischen der damaligen Zeit „ Dulcis Cantus " – „ Dulcemele " (lat. *Dulce Melos*) hat einen verwandten Klang und ist durch die Abwandlung eines flüssigen „Dulcimer" zu einem akzeptierten Namen geworden.

Das Hackbrett ist eine Variante des Psalters oder *Qanūn* und steht in derselben Beziehung zu ihm wie das moderne Pianoforte zum älteren Spinett oder Cembalo. Der Psalter wurde mit den Fingern erklingen lassen, entweder mit ihren fleischigen Enden oder indem man sie mit Plektren bedeckte, die wie Fingerhüte angepasst waren, um einen schärferen Klang zu erzeugen; Das Hackbrett ist ein lauteres Instrument, dessen Töne durch Hämmer erzeugt werden, die der Spieler in der Hand hält, und die über elastische Stiele verfügen, die den notwendigen Rückprall der Saiten erleichtern. Die Hämmer haben nicht selten zwei Beläge, einen harten und einen weichen, die auf dem Hammerkopf angebracht sind, so dass der Spieler durch Drehen des Hammers beide nach Belieben verwenden kann. Der charakteristische Effekt des Hackbretts ist, analog zur Mandoline , Bandurria und anderen mit einem Plektrum gespielten Saiteninstrumenten, die Wiederholung von Tönen, wodurch durch diese Kunstfertigkeit der Eindruck eines nahezu anhaltenden Klangs entsteht. Die Italiener nannten das Hackbrett „ Salterio Tedesco ", oder deutscher Psalter, haben aber inzwischen Zimbalon übernommen ; die Deutschen nennen es „ Hackbrett ". Es ist im Allgemeinen ein beliebtes Instrument bei den einfacheren Klassen und in der Neuzeit übernimmt es seine wichtigste Rolle als Zimbal in den ungarischen Zigeunerkapellen. Das hier gezeichnete Exemplar gehörte Herrn Kendrick Pyne aus Manchester und ist jetzt im Besitz von Herrn H. Boddington; Es steht auf einem Ständer und befindet sich in einem Gehäuse, aus dem es zur Aufführung entnommen werden kann. Im Deckel befindet sich ein Bild eines Sonnenuntergangs und Figuren in Kostümen aus dem 17. Jahrhundert – Soldaten, die vorrücken und von Damen empfangen werden, die offenbar Erfrischungen bringen. Auf dem Vorderbrett, das zum Herunterlassen aufklappbar ist, ist rechts vom Betrachter ein Mann gemalt, der in einem Teich fischt, und neben ihm eine Frau; während in der Mitte eine Baumgruppe und links ein Mann und eine Frau zu sehen sind, die sich treffen. Das Instrument selbst ist mit bemalten Blumen in Tafeln verziert, zwischen denen sich schwarze und weiße Karos befinden . Es ist wahrscheinlich italienisch. Seine Abmessungen betragen in der größten

Breite 3 Fuß 4½ Zoll, in der kleinsten 1 Fuß 11 Zoll. Die Winkel der Seiten betragen jeweils 1 Fuß 1½ Zoll. Die Tiefe des Instruments beträgt 3½ Zoll. Die Höhe des Ständers beträgt 2 Fuß 2 Zoll.

Bei diesem Instrument gibt es siebzehn Töne auf vier im Gleichklang gestimmten Drahtsaiten für jeden Ton. Ein Hackbrett kann mehr Töne haben, und die Zahl der Saiten kann variieren. Bei alten Hackbrettern finden sich Gruppen von drei oder sogar fünf im Gleichklang, abwechselnd mit vier. Bei alten Instrumenten war der Draht aus Messing, bei modernen aus Stahl. Wegen der Spannungszunahme durch die Aufwärtsspannung des Drahtes durch die Stege auf der Resonanzdecke können die Stellen für die Stege nicht durch Beobachtung der einfachen Verhältnisse der Teiltöne bestimmt werden, sondern müssen empirisch ermittelt werden. Wie bei allen alten Saiteninstrumenten gibt es im Resonanzboden Schalllöcher, die bei alten italienischen Hackbrettern mit wunderschönen Arabesken oder Rosen verziert sind. Bei alten italienischen und auch chinesischen Hackbrettern (Yang- ch'in oder ausländisches Psalter) sind die Resonanzbodenstege in zwei Reihen verbunden, und die Saiten verlaufen abwechselnd über und durch die in ihnen gemachten Öffnungen. Sie verlaufen über Messingdrähte auf den Spitzen der Stege und an den Rändern des Hackbretts über weitere Messingdrähte, die auf beiden Seiten so etwas wie Muttern bilden. Bei asiatischen und modernen europäischen Instrumenten sind die Stege einzelne Bolzen. Die längsten Drahtstücke verlaufen über den rechten Steg und durch die Öffnungen im linken Steg. Die kürzeren Stücke sind umgekehrt und verlaufen über den linken Steg. Bei europäischen Hackbrettern liegen die kürzeren Stücke, die rechts vom linken Steg angeschlagen werden, eine Oktave über den längeren Stücken, die links vom rechten Steg angeschlagen werden. Die kürzesten Stücke sind der Rest der Oktavsaiten, die, über den linken Steg zum linken Rand des Hackbretts geführt, so gestimmt sind, dass sie eine Quinte über der Oktavreihe liegen. Der rechte Rest wird nicht verwendet. Es gibt folglich drei Tonreihen: einen Grundton, eine Oktave und eine Duodezime; In der Notation wird dies so ausgedrückt: Die senkrechten Linien stellen die Muttern dar und die Kreise die Position der Brücken.

Dies sind die tiefsten Töne der drei Reihen. Die Tonleiter steigt von ihnen normalerweise diatonisch an, in der tiefsten Reihe mit F statt Fis. Im letzten Jahrhundert wurden Versuche unternommen, einige Teile der Tonleiter chromatisch zu stimmen, aber soweit ich Beispiele gefunden habe, ohne feststellbares System. Die Chinesen ersetzen die Oktave durch Sexten und die beiden tiefsten Septimen; bei den Septimen fehlt der tiefste Halbton, ansonsten verläuft die Tonleiter wie beim europäischen Hackbrett in heptatonischer Reihenfolge. Der Messingdraht auf den Stegen ist eine alte Spinettvorrichtung. Das Hackbrett wird wie ein Pianoforte mit einem Hammer oder einer Taste gestimmt, hat aber im Gegensatz zum Klavier und anderen Tasteninstrumenten keine Dämpfungsvorrichtung.

Den Vorläufer sowohl des europäischen als auch des chinesischen Hackbretts können wir in einem assyrischen Vorfahren des persischen Santir suchen, oder vielleicht auch in einem noch weiter zurückliegenden babylonischen Instrument. Hackbretter sind auf assyrischen Monumenten abgebildet.

The linked image cannot be displayed. The file may have been moved, renamed, or deleted. Verify that the link points to the correct file and location.

PLATTE XVIII.

JUNGFRAU.

In diesem interessanten Virginal, das zum Brüsseler Konservatorium gehört, haben wir ein „ Vierkante Clavisingel " von Ruckers in der ursprünglichen Außendekoration, so wie es die Hände des jüngeren Hans Ruckers , eines Meisters der Antwerpener Lukasgilde, verlassen hat. Die Dekoration ist eine Abdeckung aus aus Blöcken bedrucktem Papier. Auch der Ständer ist original. Ein unberührtes Jungfrauen- oder Cembalo von Ruckers wie dieses fällt selten auf, und im Moment kann ich mich nur an eines in England erinnern – ein Cembalo mit einer einzigen Tastatur im Besitz von Miss Elizabeth Twining im Dial House, Twickenham, hergestellt von Andries, der Bruder des jüngeren Hans und wie dieser ein Sohn des älteren Hans Ruckers .

Die Kombination aus weißen Naturtönen und scharfen oder flachen Ebenholztasten ist der älteste Kontrast zwischen den unteren und oberen Tasten, mit der Einschränkung, dass die ältesten existierenden natürlichen Tasten nicht aus Elfenbein, sondern aus Buchsbaum sind. Wie es in den Niederlanden üblich war, wurden lateinische Mottos, manchmal mehr als eines, auf Clavecins oder Tasteninstrumenten dargestellt. Das hier gezeigte lautet OMNIS SPIRITVS LAVDET DOMINVM . Diese Mottos, die so oft auf flämischen Instrumenten dieser Zeit vorkommen, zeugen von der Rücksichtnahme und Ehrfurcht der Männer, die sie hergestellt und besaßen. Neben dem Zitat (Alle, die atmen, preisen den Herrn) finden wir LAVS DEO (Gelobt sei Gott), MVSICA DONVM DEI (Musik ist das Geschenk Gottes), MVSICA MAGNORVM EST SOLAMEN DVLCE LABORVM (Musik ist der süße Trost für große Arbeiten), CONCORDIA RES PARVÆ CRESCVNT, DISCORDIA MAXIMÆ DILABVNTVR (Durch Eintracht wachsen kleine Dinge, durch Zwietracht fallen große Dinge ab), SIC TRANSIT GLORIA MVNDI (So vergeht der Ruhm der Welt), MVSICA LÆTITIÆ COMES MEDICINA DOLORVM (Musik ist der Begleiter der Freude und Medizin der Trauer), CONCORDIA MVSIS AMICA (Eintracht ist der Freund der Musen), ACTA VIRVM PROBANT (Taten beweisen den Mann), SCIENTIA NON HABET INIMICVM NISI IGNORANTEM (Wissen hat keinen Feind außer den Unwissenden), MVSICA PELLIT CVRAS (Musik zerstreut Sorgen) und SOLI DEO GLORIA (Ehre sei Gott allein). Die Italiener bevorzugten längere und poetischere Zitate, wie das oft wiederholte „ Viva fui in sylvis sum dura occisa securi; Dum vixi tacui mortua dulce cano " (Ich lebte im Wald, ich wurde von einer grausamen Axt gefällt; während ich lebte, schwieg, jetzt bin ich tot, ich singe süß); oder das auf dem Cembalo, das Tassos Schwester gehörte und noch immer im Besitz ihrer

Nachkommen in dem Haus ist, in dem sie in Sorrent lebte: „ Tales in altis sentiunt sonos beati spiritus opus " (Solche Klänge hören sie im Himmel, die gesegneten Geister ' arbeiten).

Ruckers Virginal zurückzukommen : Der Resonanzboden ist nach niederländischer Art mit floralen Motiven bemalt, in der runden Öffnung des Resonanzbodens findet sich die übliche vergoldete Rose, die das Markenzeichen des Herstellers trägt, das seine Initialen IR enthält, und daneben steht mit Tinte *Anno* 1622. Auf der Reling über den Stoßzungen (Plectra) steht die Inschrift JOANNES RVCKERS FECIT ANTVERPIÆ . In der National Gallery in London gibt es ein Bild aus der Peel Collection, gemalt von Metsu , auf dem ein genau ähnliches Instrument abgebildet ist, möglicherweise sein eigenes, so wie es auf einem Bild aus der Sammlung von Sir Francis Cook in Richmond in Surrey zu sehen ist. Auf den ersten Blick ist es schwer zu glauben, dass es nicht dasselbe ist. Ein weiteres befindet sich in Schloss Windsor, in der Sammlung Ihrer Majestät der Königin, gemalt von Ver Meer aus Delft. Auch hier ist der erste Eindruck, dass der Maler das in der vorliegenden Zeichnung gezeigte Instrument dargestellt hat. Solche Virginale müssen damals beliebte Instrumente in der feinen niederländischen Gesellschaft gewesen sein. Pepys erwähnt in seinem *Tagebuch* vom 2. September 1666 die Popularität des Virginals in London zur Zeit des Großen Brandes. „Der Fluss war voller Leichter und Boote, die Waren an Bord brachten, und ich bemerkte, dass kaum ein Leichter oder Boot, das Waren für ein Haus an Bord hatte, nicht ein Paar Virginale darin war." Das hier verwendete Wort „Virginale" wurde offensichtlich in einem allgemeinen Sinn verwendet und bezeichnete jedes Tasten-Plektruminstrument. Das spezielle Virginal war ein längliches Spinett und scheint die „ Spinetta " gewesen zu sein, in der Form, die der Venezianer Spinetti um das Jahr 1500 erfand. Das italienische längliche Spinett war mit einem Deckel versehen, und das Instrument war ein fester Bestandteil des Koffers. Es bot dem Auge genau das Aussehen eines Cassone oder einer Hochzeitstruhe und war gleichermaßen ein Dekorationsgegenstand.

Der satte Bassklang des hier abgebildeten Instruments, der nicht so schnell vergessen wird, zeigt, wie die Klangqualität in der gesamten Tonleiter ursprünglich gewesen sein muss. Es war diese überragende Qualität, die den Ruf von Hans Ruckers und seinen Söhnen auf ein Niveau hob, das später nur von den großen Cremonaer Geigenbauern erreicht wurde; es hielt an, solange Spinett und Cembalo in Mode blieben.

Dieses Virginal ist Nr. 15 meines Katalogs existierender Ruckers - Instrumente in Sir George Groves *Dictionary of Music and Musicians* , Artikel „ Ruckers ". London, 1883.

Die Holzschnitte über dem Inhalt dieses Werkes stellen Sir Michael Mercator (1491-1544) dar, einen Musikinstrumentenbauer, angeblich Jungfrauenbauer, für König Heinrich VIII. Das Porträt wurde nach einer Medaille im British Museum gestochen, die von Mercator selbst angefertigt wurde, denn er war Goldschmied und Medaillengewinner sowie Instrumentenbauer, von Herrn John Hipkins, der auch das jüdische Shophar und den Holzschnitt auf dem Titel eingraviert hat. Seite . Die Legende auf der Medaille informiert uns darüber, dass Mercator der erste vom König aus Venloo geschaffene Ritter war. Durch seine Erfolge in geheimen diplomatischen Diensten erlangte er den Ritterschlag und andere Auszeichnungen. Die Nachforschungen von Herrn WH James Weale, der den Autor dieses Artikels auf Mercator aufmerksam gemacht hat, haben ergeben, dass seine Ankunft in diesem Land im Jahr 1527 erfolgte, als er Empfehlungsschreiben von Floris d'Egmont , Graf de , an Kardinal Wolsey überbrachte Buren und Lord of Isselstein und andere sowie zwei Musikinstrumente – da er ein Orgelbauer war, handelt es sich vermutlich um Jungfrauen. Der König engagierte ihn für ein Jahresgehalt. Auf dem Porträt ist zu erkennen, dass Mercator an seinem Kragen die Tudor-Rose trägt. Herr Weale hat seine ihn betreffenden Entdeckungen in *Le Beffroi veröffentlicht* , einer in Brügge gedruckten künstlerischen und antiquarischen Zeitschrift. Mr. Weales beschreibender Katalog der seltenen Manuskripte und gedruckten Bücher in der Historical Music Loan Collection von 1885, für dessen Veröffentlichung wir Herrn Bernard Quaritch danken , kann in diesem Zusammenhang angemessen erwähnt werden.

The linked image cannot be displayed. The file may have been moved, renamed, or deleted. Verify that the link points to the correct file and location.

- 61 -

PLATTE XIX.

VIOLA DA GAMBA.

Die alte Bassgambe (französisch *Basse de Viole*) leitet ihren Namen Viola da Gamba (Beingambe) von der Tatsache ab, dass sie zwischen den Knien des Spielers gehalten wurde, daher das deutsche „ Kniegeige ". Shakspeare spricht in „ *Twelfth Night* " *von* „*Viol-de-* Gamboys " – wo Sir Toby Belch in seiner Lobrede auf Sir Andrew Aguecheek sagt: „Er spielt Viol-de- Gamboys und spricht Wort für Wort drei oder vier Sprachen." ohne Buch und hat alle guten Gaben der Natur. Domenichinos berühmte Heilige Cäcilia wird auf einer Viola da Gamba spielend dargestellt. Es war der Bass der Truhe (oder Familie) der Gamben. Ein Zitat aus der kürzlich veröffentlichten Autobiographie des 1653 geborenen Ehrenwerten Roger North beschreibt treffend den häuslichen Gebrauch dieser einst bewunderten Instrumente. Er sagt, sein Großvater Dudley, dritter Lord North, habe, wenn er auf seinem Landsitz in Norfolk war, „seine musikalische Familie zusammengerufen … und als wichtiges Fest der Gesellschaft waren die Konzerte normalerweise ausschließlich mit Gamben, Orgel oder Cembalo gespielt. Die Geige kam." Als die Hände gut versorgt waren, machte sich die ganze Truhe an die Arbeit, also sechs Gamben, und es entstand Musik, die jetzt wie eine verwobene Brummtrommel wirken würde." Roger North beherrschte sowohl die Diskant- als auch die Bassgambe.

Das hier abgebildete, prächtige Exemplar ist das Werk von Joachim Tielke, der es 1701 in Hamburg anfertigte; es gehörte früher dem berühmten Violoncellisten F. Servais. Es ist perfekt erhalten und hat einen wunderschön geschnitzten Wirbelkasten aus Elfenbein, der von einem Frauenkopf überragt wird, mit einem eingravierten Griffbrett darunter. Es gibt keine Bünde, was bei Violen ungewöhnlich ist, da es sich um bundierte Instrumente handelte, aber es wäre natürlich leicht gewesen, sie anzubringen. Die Rückseite besteht aus Palisanderholz, das mit Elfenbein abgewechselt ist; und der Saitenhalter aus Elfenbein bildet einen Caduceus. Es werden zwei Ansichten des Instruments gezeigt, und ein Profil des Kopfs und des Wirbelkastens ist auf die halbe Größe vergrößert. Es hat sechs Saiten, eine beliebte Harmonie ist:

Dies wurde als „Harp-way sharp" bezeichnet; wenn die fünfte Saite auf B gestimmt war, nannte man die Stimmung „Harp-way flat-Harp-way", was auf die dadurch ermöglichte Erleichterung bei Arpeggios hinweist.

Bachs feierliche Kantate „ Gottes Zeit ist die allerbeste Zeit " beginnt mit der Viola da Gamba, doch zu Beginn des 18. Jahrhunderts ersetzten Komponisten die Viola da Gamba durch das Violoncello. Der letzte bekannte Interpret war Carl Friedrich Abel, der 1787 starb. In den letzten Jahren wurde es wegen seiner besonderen Qualitäten wieder aufgegriffen, die es zumindest für den gelegentlichen Gebrauch erhalten sollten. Der verstorbene Henry Webb war auf Anregung von Professor Ernst Pauer im Jahr 1862 vielleicht der erste, der es wieder übernahm. Er musste sich von einem sechsundachtzigjährigen alten Mann das Fingern des Instruments beibringen lassen. Der Fingersatz ist praktisch der der Laute, und wie Herr EJ Payne in Grove's *Dictionary of Music and Musicians (Art. „Violine")* dargelegt hat , war es die Beherrschung des sechssaitigen Griffbretts, über das die Lautenisten verfügten Erreicht durch zwei Jahrhunderte ununterbrochener Praxis, die sie auf die Viola da Gamba übertragen haben , sodass beide Instrumente denselben Spielern gemeinsam sind. Aus diesem Grund blieb die Bassgambe viel länger im Einsatz als die anderen Mitglieder der Gambenfamilie. Gegenwärtig haben Herr Payne, Herr Paul de Wit aus Leipzig und Herr E. Jacobs aus Brüssel die Viola da Gamba wieder der Aufmerksamkeit des Musikpublikums zugänglich gemacht. Herr Jacobs spielte auf einem mit Resonanzsaiten ausgestatteten Instrument mit großem Erfolg bei den historischen Konzerten, die unter der Leitung von Herrn Victor Mahillon im Musikzimmer der London International Inventions Exhibition von 1885 gegeben wurden. Das hier dargestellte Instrument gehört dem Museum des Brüsseler Konservatoriums.

- 64 -

PLATTE XX.

Doppeltes Spinett oder jungfräulich.

DIESES ungewöhnliche Instrument zeigt eines der Mittel, mit denen durch das Hinzufügen einer Oktavsaite eine brillantere Wirkung erzielt werden konnte, bevor eine solche Saite durch eine zusätzliche Saitenreihe darunter dauerhaft am Resonanzboden des Cembalos befestigt wurde gewöhnliche Unisono-Saiten. Oktavspinette wurden, wie Mersenne (1636) beschreibt, unabhängig vom gewöhnlichen Spinett hergestellt, und es gibt häufig Beispiele dafür. Diese kleinen Spinette wurden zur Aufführung auf die größeren aufgesetzt, wie Praetorius (1619) sagt, wie Türmchen auf einem Turm. Bei diesem Doppelspinett ist es ein abnehmbarer Teil des Instruments und stellt die linke Tastatur dar, während die rechte Tastatur ein fester Bestandteil ist. Der Hersteller ist, wie seine Initialen HR und sein Symbol in der Rosette des Schalllochs beweisen, kein anderer als der berühmte Hans Ruckers der Ältere aus Antwerpen. Dieses Spinett ist die Nummer 9 der 66 existierenden Instrumente der Ruckers- Familie, die vom Autor in Sir George Groves *Dictionary of Music and Musicians katalogisiert wurden* . Es kann nun auf achtundsechzig erweitert werden. Auf den Wagenheberschienen beider Spinette ist zu lesen: „ Joannes Rvqvers me fecit ". In Nürnberg gibt es ein weiteres Doppelspinett aus dem Jahr 1580 von Martin Vander Beest , das bebildert wurde und das Titelbild von Dr. August Reissmanns *Illustrirte Geschichte der Deutschen Musik* (Leipzig, 1881) darstellt. Das Ruckers - Doppelspinett kann kaum noch viel später sein. Die frühesten mir bekannten Beispiele der Oktavsaite, die, wie oben erwähnt, im Cembalo selbst angebracht ist, finden sich in einem Doppelclavecin (französisch für Cembalo) von Hans Ruckers dem Älteren aus dem Jahr 1590, das im Museum der USA aufbewahrt wird Pariser Konservatorium und in einem Clavicembalo (italienisch für Cembalo), das ebenfalls 1590 in Pesaro hergestellt wurde und kürzlich von den Geigenbauern der Herren Hill nach England gebracht und jetzt vom South Kensington Museum erworben wurde. Letzteres ist ein Instrument mit nur zwei Saiten pro Note. Die Erfindung der Oktavsaite sowie der Doppeltastatur wird Hans Ruckers zugeschrieben . Die neuesten Erkenntnisse sprechen jedoch nicht für diese Zuschreibungen, obwohl beide Erfindungen höchstwahrscheinlich den Niederlanden gehören. Man kann sagen, dass Ruckers und seine Söhne Instrumente herstellten, deren Klangqualität nie übertroffen wurde. Um auf das Doppelspinett zurückzukommen: Beide Tastaturen haben vier Oktaven, wobei die feste Tastatur für die rechte Hand vom zweiten C unten bis zum zweiten darüber, dem mittleren C, reicht und die abnehmbare Tastatur für die linke Hand durchgehend eine Oktave höher ist. Das komplette Instrument ruht auf dem originalen Arkadenständer.

Die Malereien sind neueren Datums als das Instrument selbst. Die Motive befinden sich auf dem Deckel und zeigen einen Wettkampf vor den Göttern zwischen Apollo und Marsyas – ersterer spielt eine Viola und letzterer eine Pfeife. Der Hintergrund ist eine hügelige Landschaft mit einem See und einer Burg und einem Mann in einem Boot. Über und unter dem abnehmbaren Spinett sind Landschaften mit Figuren gemalt, direkt darüber tanzende Kinder und auf der festen Klaviatur tanzen Männer und Frauen paarweise. Dieses schöne Instrument gehörte früher der Firma Chappell aus London, ist jetzt aber Eigentum von Mr. George Donaldson.

Es gibt sieben durchbrochene Bögen und Säulen im Stand, der 2 Fuß 4 Zoll hoch ist. Die Abmessungen sind: extreme Länge: 5 Fuß 8½ Zoll; die Länge der linken Tastatur beträgt 2 Fuß 2½ Zoll und die der rechten 2 Fuß 1¼ Zoll. Die Breite von hinten nach vorne beträgt 1 Fuß 7½ Zoll und die Tiefe beträgt 11½ Zoll.

- 67 -

PLATTE XXI.

DREI CHITARRONI .

Die Hauptbedeutung von „ Chitarrone " ist eine große Gitarre, aber in Wirklichkeit ist dieses imposante und doch anmutige Instrument eine Theorbe oder Basslaute mit einem sehr langen oberen Hals, um Platz für Basssaiten mit tiefer Tonlage zu schaffen. Die linke Laute in der Zeichnung, die Herrn Rudolf Lehmann, London, gehört, ist venezianisch, wenn wir nach der schönen Verzierung urteilen dürfen. Sie hat drei Schalllöcher mit Rosen, die auf eine Art miteinander verbunden sind, die als römisch gilt, und ist mit Perlmutt verziert. Sie ist mit sechs Saitenpaaren auf dem Griffbrett bespannt, wobei jedes Paar im Gleichklang gestimmt ist. Sieben einzelne Diapason-Saiten oder offene Bässe sind vom oberen Wirbelkasten aus über das Griffbrett hinaus gespannt. Sie ist 5 Fuß lang, die Länge des Halses beträgt 3 Fuß 5 Zoll. Die Chitarrone in der Mitte , die Mr. George Donaldson gehört und reich mit Perlmutt eingelegt ist, hat ebenfalls drei verbundene Rosen, sechs Paar Unisono-Stimmen auf dem Griffbrett und acht Diapasons frei davon. Sie ist 6 Fuß lang, der Hals 4 Fuß 1 Zoll. Sie ist ebenfalls venezianisch und stammt aus dem Jahr 1608. Die Chitarrone für die rechte Hand , die auf der Ausstellung von 1885 von Mr. Edward Joseph aus der Bond Street in London gezeigt wurde, hat sechs Paar Unisono-Stimmen und sieben Diapasons. Der Hals ist mit Karomuster verziert und das Griffbrett ist mit dreizehn Bünden für die Melodiesaiten eingefasst, wodurch der Spieler einen Halbton mehr als die komplette chromatische Reihe hat.

Die Chitarrone wird manchmal als römische Theorbe bezeichnet. Sie ist länger als die Paduaner Theorbe, mit der sie gegen Ende des 16. Jahrhunderts eingeführt wurde, da zur Begleitung der neu erfundenen Bassinstrumente ein Bedarf an klangvolleren Instrumenten als zuvor entstanden war Rezitativ. Etwa zur gleichen Zeit kam auch ein größeres Instrument aus der Gambenfamilie zum Einsatz, die sogenannte Violone, der Vorläufer des Kontrabasses. Die schwereren Bässe und einfachen Harmonien, für die die Italiener eine wachsende Vorliebe gezeigt hatten, ersetzten weitgehend die raffinierten Verflechtungen des Kontrapunkts und unterstützten die Entwicklung der neuesten Sprösslinge der Renaissance, der Monodie – des Rezitativs und der Arie – in Florenz von Peri, Caccini, Cavalieri und Monteverde eingeführt, die Grundlage der modernen italienischen Oper.

Die Chitarrone wurde im Orchester von Monteverde bei der Uraufführung seines *Orfeo* im Jahr 1607 verwendet. Bereits 1589 wird sie auch in einem Instrumentenband erwähnt.

The linked image cannot be displayed. The file may have been moved, renamed, or deleted. Verify that the link points to the correct file and location.

- 69 -

PLATTE XXII.

SPINETT.

DIESES „Spinett" mit seinem ursprünglichen sechsbeinigen Ständer wurde gegen Ende des 17. Jahrhunderts in London hergestellt. „Stephanus Keene Londini Fecit " steht auf dem Namensschild, das charakteristisch mit Vögeln und Blattwerk eingelegt ist. Es handelt sich um ein Querspinett, die italienische „ Spinetta traversa ", eine Adaption des längeren Bichord- oder Trichord-Cembalos innerhalb der Größenbeschränkungen dieses Instruments, das wie die trapezförmigen und länglichen Spinette nur eine Saite für jede Note hatte. Der Schwanz ist auf der rechten Seite verlängert; Die Klaviatur ist etwas schräg angebracht, und die Stimmwirbelplatte mit den Stimmwirbeln befindet sich direkt über der Klaviatur, statt wie bei den älteren Spinetten auf der rechten Seite. Der Tonumfang der Tastatur erstreckt sich von der Sekunde B unten bis zur Sekunde D oben, dem mittleren C – in allen vier Oktaven und zwei Noten, also eine Note mehr im Diskant, als im Tastaturdiagramm von Henry vorkommt Purcells *Lektionen für Cembalo oder Spinnet* . Die tiefste Tonart würde jedoch auf das tiefste Pianoforte-G heruntergestimmt, mit dem Ziel, einen dominanten Bass für das tiefste C zu sichern. Purcells Diagramm für das Spinett gibt die tiefste Tonart als „B B " an, aber in den Lektionen wird er notiert hier und da bis G G , auch bis A A , wofür die tiefste C ♯ -Tonart ebenfalls geeignet wäre. Die beiden tiefsten Kreuze des hier gezeichneten Spinetts weisen die Besonderheit auf, dass sie geschnitten oder geteilt sind, wobei jede Unterteilung eine unabhängige Tonart darstellt. Dabei handelte es sich nicht um Vierteltöne, wie angenommen wurde; die vorderen Hälften waren auf A und H für dominante Bässe wie das G gestimmt, die hinteren Hälften auf C ♯ und D ♯ , chromatische Halbtöne zu den angrenzenden Naturtönen, und vereinten so das „Kurze Oktav"-Prinzip, das für die Aufführung zeitgenössischer Musik unverzichtbar ist. dann beginnt man das chromatische System zu erkennen .

Stephen Keene war ein bekannter Spinettbauer und genoss in gleichem Ansehen wie seine großen Rivalen Charles Haward sowie Thomas und John Hitchcock. Die erste bekannte Erwähnung von Keene findet sich in einer Anzeige am Ende der sechsten Ausgabe von Playfords Introduction (London, 1671), in der verkündet wird, dass „Mr. George Dalham , dieser ausgezeichnete Orgelbauer, jetzt in Purple Lane wohnt, gleich neben dem Crooked Billet, wo diejenigen, die eine neue Orgel haben oder eine alte reparieren lassen möchten, gut untergebracht werden können."

„Und Mr. Stephen Keene, Hersteller von Harpsycons und Virginals, wohnt jetzt in der Threadneedle Street, im Zeichen des Virginals, der sie sowohl klanglich als auch inhaltlich absolut perfekt macht.“

Dass Keene schon lange im Geschäft war, beweist ein Namensschild aus dem Jahr 1719, das ich besitze. Tatsächlich länger als die Zeit von Thomas Hitchcock, dessen Autogramm auf Spinetten aus den Jahren 1664 und 1703 zu finden ist. Die Hauptmaße des gezeichneten Instruments, das Herrn HJ Dale aus Cheltenham gehört, betragen: Breite 5 Fuß 6 Zoll, Tiefe ohne den Vorsprung der Klaviatur 1 Fuß 9¼ Zoll. Die Klaviatur ist 2 Fuß 4¼ Zoll breit und 3 7/8 Zoll tief .

TAFEL XXIII.

QUIINTERNA UND MANDOLINE.

DIE Quinterna oder Chiterna , die italienische Gitarre, wurde früher von der bescheideneren Musikerschicht verwendet. Laut Engel hatte es drei Paar Darmsaiten und zwei mit Draht überzogene Einzelsaiten und wurde wie eine Gitarrenlaute mit den Fingern und nicht mit einem Plektrum gespielt. Aber das hier gezeichnete Instrument mit seinen zehn Drahtsaiten muss mit einem Plektrum in Zither-Manier gespielt worden sein. Es wurde von George Donaldson in der Music Loan Collection der Royal Albert Hall als Giterna ausgestellt , eine offensichtliche Variante des Namens. Hier werden zwei Ansichten davon gegeben. Es ist aus Schildpatt mit Arabesken aus Elfenbein und einem geschnitzten Kopf aus Ebenholz, der Rücken ist aus Ebenholz und Elfenbein. Die Länge beträgt 24½ Zoll und der Hals, gemessen vom Körper, beträgt 14 Zoll. Auf der Rückseite des Instruments sind die Worte „Joachim Tielke Hamburg fecit , 1676" eingraviert; Das Datum deutet jedoch auf eine erhebliche Diskrepanz im Vergleich zur Quinterna im South Kensington Museum von Joachim Tielke aus dem Jahr 1539 hin. Engel geht davon aus, dass der Name dieses berühmten Herstellers über mehrere Generationen hinweg weitergeführt wurde, um den Unterschied in den Daten zu erklären. Evelyn, die Pozzuoli im Jahr 1645 besuchte, sagte: „Die Landleute waren so fröhlich und musiksüchtig , dass selbst die Bauern fast überall auf der Gitarre spielten und Lieder zum Lob ihrer Liebsten sangen und komponierten . " Diese Gitarre wäre die Quinterna. Die gezeichnete Mandoline , ebenfalls von Herrn Donaldson, stammt von Domenico Vinaccia , datiert Napoli, 1780, und ist aus Schildpatt und Perlmutt, mit einem wunderschönen birnenförmigen Boden oder Gehäuse. Es ist 22 Zoll lang, Hals und Kopf sind 11 Zoll lang.

Die Mandoline (italienisch Mandolino) ist kleiner als die Mandora, eine Art Altlaute. Sie ist mit Darmsaiten und Draht bespannt, die Basssaiten bestehen aus Darmsaiten mit Silberdraht umsponnen, und wird mit einem Plektrum gespielt. Von den mehreren Arten, darunter Mandore , Mandurina und Pandurina , die in Italien verwendet wurden, sind die Mailänder und die Neapolitanische Mandoline die bekanntesten. Die Mailänder Mandoline mit fünf oder sechs Saitenpaaren weist noch die alte Zitherstimmung auf; die Neapolitanische Mandoline , die eigentlich ein Instrument aus dem 18. Jahrhundert ist, wurde offensichtlich später eingeführt, da sie ähnlich wie eine Violine in Quinten gestimmt ist, was das Spielen auf ihr für Geigenspieler leicht macht. Mozart schrieb die Serenade in *Don Giovanni* mit einer Begleitung, aber so schön diese Komposition auch ist, die Begleitung scheint kaum typisch für die Mandoline oder die Bandurria zu sein - eine kleine Art spanischer Gitarre mit tieferer Tonlage als die Mandoline , die für Lokalkolorit das richtige Instrument gewesen wäre. Diese Instrumente, wie das Hackbrett, erzielen ihre charakteristischen Effekte durch die Wiederholung von Noten, analog zu dem, was man auf einem Pianoforte „Repetition" nennt. Die Absicht besteht darin, den Eindruck eines anhaltenden Klangs zu vermitteln und die Melodie hervorzuheben, wenn mehrere andere Instrumente gespielt werden.

Die Übereinstimmung der neapolitanischen Mandoline ist:

der Mailänder Mandoline mit fünf Tönen —

der Mailänder Mandoline mit sechs Tönen —

und der Bandurria —

Die drei höheren Noten bestehen hier aus Katdarm, die tieferen aus mit Metall übersponnener Seide. Die Bandurria wird wie die Mandolinen mit einem Plektrum gespielt, auf Spanisch „Pua" genannt, das durch eine in den Resonanzboden eingelassene Schildpattplatte daran gehindert wird, das Holz zu verunstalten. Das Plektrum ist normalerweise ein kleines Stück Schildpatt oder Federkiel.

The linked image cannot be displayed. The file may have been moved, renamed, or deleted. Verify that the link points to the correct file and location.

- 74 -

PLATTE XXIV.

WALISISCHES CRWTH.
RUSSISCHE BALALÄIKA.

Die Crwth ist ein seltenes walisisches Instrument, bei dem es sich vermutlich um die „ Chrotta Brittanna " handelt, die in einer der Oden von Venantius Fortunatus erwähnt wird, die um 617 n. Chr . geschrieben und unter dem Titel „ Venantii Fortunati Poemata " veröffentlicht wurde; folgt man aber der Analogie des gälischen „ cruith " und des phonetischen „ crot " des Book of the Dean of Lismore (einer Sammlung ossianischer Fragmente aus dem 16. Jahrhundert), war die britische Chrotta wahrscheinlicher eine frühe Form der keltischen Harfe. Von den bekannten originalen walisischen Crwths sind drei bekannt – eine aus der Engel-Sammlung im South Kensington Museum, eine andere, weniger perfekte im Warrington Museum und die hier abgebildete, die Colonel Wynne-Finch von Voelas , Bettws-y-Coed, Nordwales gehört. Sie wurden aus einzelnen Holzstücken ausgehöhlt , wobei der Resonanzboden aufgeklebt wurde – eine sehr primitive Bauweise, die den alten keltischen Harfen ähnelt. Die Maße von Colonel Wynne-Finchs Crwth sind: Länge 22½ Zoll, Breite zwischen 10½ und 9 Zoll, Tiefe 2 Zoll. Dieses Instrument hat sechs Saiten, obwohl bei näherer Betrachtung klar wird, dass es ursprünglich nur fünf hatte. Vier davon befinden sich auf einem Griffbrett und werden mit einem Bogen gespielt und zwei sind außerhalb des Griffbretts und sollen mit dem Daumen des Spielers angeschlagen werden. Diese leeren Saiten sind eine verhältnismäßig späte Erfindung, die bei Theorbe, Lyra und Barytongambe übernommen wurde. Es heißt, es gab eine dreisaitige Crwth (Crwth thrithant), die wahrscheinlich mit dem Bogen gespielt und als erste, fünfte und Oktave gestimmt wurde, aber ich neige dazu, dem verstorbenen Carl Engel (*Researches into the Early History of the Violin Family : London, 1883)* zuzustimmen, dass dies keine andere als die mittelalterliche Rebec sein kann . Nach Beobachtungen, die vor über einhundert Jahren der ehrenwerte … Daines Barrington (veröffentlicht in der *Archæologia* of the Society of Antiquaries, London, Band III, S. 20), der das Glück hatte, einen Musiker zu hören, der behauptete, der letzte auf dem Instrument zu sein, gab an, dass die Übereinstimmung des sechssaitigen Akkords folgendermaßen lautete:

Die Saiten waren aus Darmsaiten. Ein anderer Kenner, Bingley, hörte das Lied noch 1801 in Carnarvon spielen. Er gibt eine andere Übereinstimmung an, bei der jedoch die Oktavanordnung erhalten bleibt:

Es scheint, als ob die Noten, die auf dem Griffbrett Oktaven bilden, zusammen gestrichen wurden, aber nicht alle vier Saiten gleichzeitig, wie manchmal angenommen wird. Um dies zu erreichen , muss es eine besondere Geschicklichkeit beim Gebrauch des Bogens gegeben haben. Anhand der großen Öffnungen auf beiden Seiten des Griffbretts kann man über die mittelalterliche Rotta oder Rote eine Abstammung von der griechisch - römischen Cythara oder Lyra erkennen. In der Decke befinden sich zwei Schalllöcher, und der schräg angebrachte Steg lässt den rechten Fuß auf der Decke ruhen, während der linke Fuß, wie bei der Tromba Marina, durch das linke Schallloch geht und auf der Rückseite ruht. Der linke Fuß fungiert dann als Stimmstock und versetzt das ganze Instrument in Schwingung. Colonel Wynne-Finchs Crwth wurde auf der Insel Anglesey gefunden. Auf einem Etikett im Inneren trägt sie die folgende Inschrift:

DIENSTMÄDCHEN IN PARIS VON
ANIRHENGEL VOM INSTRUMENTENBAUER
RICHARD EVANS
IM JAHR 1742.

Es soll jedoch älter sein und nur von Richard Evans repariert oder rekonstruiert worden sein. Es wurde von Herrn George Chanot sehr sorgfältig restauriert , bevor es 1872 in der Leihsammlung in South Kensington ausgestellt wurde.

Die BALALÄIKA ist die russische Bauerngitarre. Dieses Beispiel wurde wegen der Verzierung gezeichnet, aber das übliche Instrument ist normalerweise

ziemlich schlicht. Es kam gestimmt aus Moskau, aber ein anderes in meinem Besitz, das mir zur gleichen Zeit aus St. Petersburg

geschickt wurde, war gestimmt . Die Balaläika hat drei Bünde am Hals, um den Halbton, den Ganzton und die kleine Terz auf jeder Saite zu sperren. Die Saiten sind aus Darmsaiten. Die Klangqualität ist sehr sympathisch, fast traurig.

Die Abmessungen des gezeichneten Exemplars betragen: äußerste Höhe von der Basis: 30 Zoll; das Griffbrett, 13 Zoll; die Breite an der Basis beträgt 11½ Zoll. Die Tiefe des Schallkastens, die die Hälfte eines Zwölfecks beträgt , beträgt 5¾ Zoll. Die entsprechenden Maße der einfachen Bauerninstrumente sind 26¾, 13¾, 13 und 3½ Zoll.

Die besondere dreieckige Form der Balaläika ist von sehr primitivem Charakter, während die geschwungene Form bei Lauten und Gitarren eine künstlerische Entwicklung darstellt. In einer entzückend realistischen russischen Bronze, die 1884 auf der Health Exhibition in South Kensington gezeigt wurde, hält der Künstler gleichzeitig den Hals des Instruments und hält die Saiten mit der linken Hand an, während er sie wie eine Gitarre mit der rechten Hand, dem Instrument, berührt frei von jeglicher anderer Unterstützung sein.

PLATTE XXV.

VIOLINE,
DIE HELLIER STRADIVARIUS
UND ZWEI ALTE BÖGEN, DIE FÜR DIE FLÖTUNG
BEKANNT SIND.

Dies ist die wunderschöne Stradivari-Geige „Hellier", die 1679 gebaut und von Sir Samuel Hellier aus Womborne , Staffordshire, um das Jahr 1734 vom Hersteller selbst gekauft wurde. Sie blieb bis 1875 im Besitz der Familie Hellier, als sie von Mr. George Crompton erworben wurde, der sie später an die Herren WE Hill und Söhne aus New Bond Street, früher Wardour Street, London, weitergab, die Experten der Geigenabteilung der South Kensington Music Loan Collection von 1885. Sie gehört jetzt Mr. Charles Oldham, der eine weitere eingelegte Geige aus dem Jahr 1687 besitzt, die ursprünglich für den König von Spanien gebaut wurde und sein Quartett von Stradivari-Instrumenten vervollständigt. Diese Geige gilt als eines der perfekten früheren Werke von Stradivari und hat volle Proportionen. Sie ist breiter als das sogenannte „große" Modell dieses berühmten Herstellers und ist eine seiner eingelegten Geigen, von denen nicht mehr als zwölf erhalten sind. Ein Brief von Stradivarius, in dem der Preis (40 £) vermerkt ist, den Sir Samuel Hellier dafür bezahlt hat, war bis vor einigen Jahren nicht verfügbar, als er leider verloren ging. Wir wissen nicht, warum Stradivarius dieses Instrument 55 Jahre lang in seinem eigenen Besitz behalten hat – es scheint wahrscheinlich, dass es vor Sir Samuel Hellier einen anderen Besitzer hatte und dass Stradivarius es zurückgenommen hat. Die Details der Verzierung dieser Violine wurden anhand einer genauen Zeichnung von Mrs. Huggins aus Upper Tulse Hill, London, korrigiert, einer ernsthaften Liebhaberin von Stradivaris Violinen. Die Hellier Stradivarius war sicherlich eines der bemerkenswertesten Exemplare, die in der unvergleichlichen Sammlung berühmter Violinen zu finden waren, die 1885 in South Kensington ausgestellt wurden.

Ein Zitat aus Mr. George Harts bekanntem Buch „ *The Violin, its Famous Makers and Their Imitators*" (London, 1884, S. 191) fasst treffend den Wert dieser Kunsthandwerker zusammen, als der italienische Geigenbau am stärksten hervortrat. Er sagt: „Die Hauptverdienste von Stradivari und seinen zeitgenössischen Schöpfern waren intuitiver Natur. Ihre Regeln, die ihren Ursprung in der Erfahrung hatten, wurden nach Maßgabe ihres wunderbaren Tastsinns und ihrer List angewendet, mit Ergebnissen, die

denen, die mit Hilfe der Technik erzielt wurden, unendlich überlegen waren."
Wenn wir zu diesen Überlegungen die Zielstrebigkeit hinzufügen, ohne die
nichts Großes in der Kunst erreicht wurde, haben wir einen Katalog von
Vorzüglichkeiten, die ausreichen, um die Größe ihrer Errungenschaften zu
erklären."

Die Bögen, die zur Stradivari „Hellier" gehören, stammen aus der Sammlung
der Herren Arthur und Alfred Hill. Der Geigenbogen, das Medium, durch
das die Persönlichkeit des Interpreten auf das Instrument übertragen und
dessen vielfältige Kräfte zur Geltung gebracht werden, ist nicht weniger
bewundernswert als die Geige selbst. Die allmähliche Verbesserung des
Bogens folgte der Entwicklung und Verbesserung der Geige, und die
Festlegung ihrer Form und Materialien im letzten Viertel des letzten
Jahrhunderts durch François Tourte machte die Geige in Wirklichkeit zu
einem anderen Instrument als zuvor . Mit Tourtes Bogen erlangte er eine bis
dahin unbekannte Ausdruckskraft im Geigenspiel.

PLATTE XXVI.

GEIGEN,
DER ALARD STRADIVARIUS,
DER KÖNIG JOSEPH GUARNERIUS DEL GESÙ.

Die Vorder- und Rückansichten der Violine links auf dieser Tafel stammen von der „Alard" Stradivarius, die nach dem berühmten Violinisten benannt ist, der sie früher besaß. Sie ist eine der schönsten Violinen von Stradivarius und trägt das Datum 1715, gehört also zu seiner großen Schaffensperiode, die nach Ansicht von Kennern von etwa 1700 bis 1725 reichte. Im Folgenden finden Sie die kurze Geschichte der Alard Stradivarius. Sie wurde Anfang des 20. Jahrhunderts in Florenz von einem Bankier aus Courtrai in Belgien gekauft und ging nach seinem Tod in den Besitz des verstorbenen JB Vuillaume aus Paris über, einem der berühmtesten Geigenbauer und Experten des 20. Jahrhunderts. Vuillaume reservierte es für seinen Schwiegersohn, Herrn Delphin Alard, Violinprofessor am Pariser Konservatorium und europaweit bekannter Virtuose, in dessen Besitz es blieb, bis er sich 1876 aus dem öffentlichen Leben zurückzog. Dann wurde es von Herrn David Laurie aus Glasgow erworben , in dessen Besitz sich dieses schöne Instrument noch immer befindet.

Es handelt sich um eine Stradivari der „großen" Form und eines sehr schönen Modells, wobei die Wölbung von Decke und Boden exquisite Proportionen aufweist, weder übertrieben noch schwach. Die Verarbeitung liegt zwischen den früheren und späteren Stilen des Meisters. Eine sorgfältige Auswahl des Holzes wird natürlich vorausgesetzt, aber die feine, regelmäßige Markierung des Bodens ist zu erkennen, ebenso wie die schöne Farbe und Qualität des Lacks. Der Hals ist original, so wie er die Hände von Stradivari verließ; er wurde jedoch durch ein Stück verlängert, das an seiner Verbindung mit dem oberen Block des Korpus hinzugefügt wurde. Die Buchstaben PS, die manchmal auf Stradivari-Geigen am Wirbelkastenende des Halses zu finden sind, wenn dieser original ist, sind hier sehr deutlich. Diese rätselhaften Buchstaben haben unter Experten zu einigen Diskussionen geführt, aber die Schlussfolgerung scheint zu sein, dass es sich um die Initialen von Stradivaris jüngstem Sohn Paolo handelt, durch dessen Hände die Instrumente gegangen sein könnten. Paolo war Tuchhändler, kein Geigenbauer, aber er erbte nach dem Tod seiner Brüder das Haus seines Vaters.

Die „König Joseph"-Geige Guarnerius del Gesù (del Gesù, weil er seine Geigen mit dem Wappen ✠ IHS signierte), deren Vorder- und Rückansicht rechts auf der Tafel zu sehen sind, gehört ebenfalls Mr. Laurie, der die

Zeichnung dieses schönen Instruments zum Vergleich mit dem nicht minder schönen Exemplar von Stradivari gestattet hat. Die Unterschiede in der Konstruktion der Instrumente dieser berühmten Hersteller sind für das geübte Auge beträchtlich. Im Allgemeinen sind die Geigen von Guarneri kleiner als die von Stradivari. Es ist ein deutlicher Unterschied in den Umrissen der beiden Hersteller zu erkennen: Die Stradivari ist an den Schultern, den C's oder den nach innen gerichteten Rundungen der Seiten einer Geige, die diesem Buchstaben ähneln, und im unteren Teil etwas eckig, während alle diese Merkmale bei der Guarnerius stärker gebogen sind. Der Kopf der letzteren ist kühner, weniger symmetrisch und auf kurvige Weise originell. Die „ *f's* ", die Schalllöcher in Geigen, die die Form dieses Buchstabens als Kursivschrift annehmen und die bei Stradivari wunderschön gewölbt sind, sind bei Guarnerius oben und unten oft spitz zulaufend. Man könnte erwarten, dass diese Eigenart der „ *f's* " der künstlerischen Wirkung abträglich wäre, aber das ist nicht der Fall. Die Wölbung von Decke und Boden ist bei Guarnerius weniger ausgeprägt als bei Stradivari. Generell ließ Guarnerius seine Decke dicker als die von Stradivari. Wie zu erwarten ist, gibt es einen deutlichen Unterschied im Klang zwischen einer Guarnerius del Gesù und einer Stradivari. Ich bin Dr. William Huggins, FRS, für den folgenden interessanten Vergleich zu Dank verpflichtet. Die Stradivari besitzt in der Regel einen helleren Ton mit unbegrenzter Fähigkeit, die unterschiedlichsten Gefühlsakzente auszudrücken, „sprudelt hervor wie eine Quelle (sagt Dr. Joachim in Mr. Paynes ‚Stradivari', Grove's *Dictionary*, Band III, S. 733) und kann unter dem Bogen unendlich verändert werden." Der Ton der Guarnerius ist von ausgeprägter Individualität, kraftvoll und hat eine etwas kontra-altartige Qualität mit einer wunderbar weichen Fülle, die stark von Melancholie geprägt ist.

Der berühmte „König Joseph" Guarnerius del Gesù befand sich früher in der berühmten Sammlung des verstorbenen James Goding. Er wurde nach seinem Tod im Jahr 1857 an den Viscomte de Janzé verkauft , von dem Mr. Laurie ihn erwarb. Der mit Gold, Schildpatt und Perlmutt besetzte Tourte-Bogen, der auf derselben Tafel abgebildet ist, gehört ebenfalls Mr. Laurie.

The linked image cannot be displayed. The file may have been moved, renamed, or deleted. Verify that the link points to the correct file and location.

TAFEL XXVII.

VIOLA D'AMORE .

Auf FRANZÖSISCH „ La Viole d'Amour " ist die Liebesgambe, so genannt wegen der weichen und zarten Qualität des Tons, der daraus entsteht. Unterhalb der Darmsaiten liegen meist Drahtsaiten, die entsprechend gestimmt beim Streichen der Darmsaiten mitschwingen. Dies steht im Einklang mit einem bekannten Gesetz der Physik, wonach ein in Schwingung versetzter Körper einen anderen Körper mit der gleichen Schwingungsfrequenz zum Ertönen bringt, wenn er sich in seiner Einflussreichweite befindet. Bei dem hier gezeichneten, wunderschön geschnitzten und mit Intarsien verzierten Instrument, einer perfekten Viola d'amore in der Form, gekrönt von einem schönen Kopf mit bandagierten Augen, fehlen die Mitschwingsaiten, und wenn sie jemals angebracht waren, wurde der Wirbelkasten inzwischen verändert. Aber sie verfügt über die „flammenden Schwert"-Schalllöcher, die man ausnahmslos in einer Viola d'amore findet , und auch über die bei dieser Gambe nicht seltene Hinzufügung einer Rose direkt unter dem Griffbrett.

Meyerbeer hat die Verwendung der Viola d'amore wiederbelebt , indem er für sie das wunderbare *Obbligato* zu Raouls Lied „ Ah! quel spectacle enchanteur " in *Les Huguenots schrieb* . Heute ist Herr Carli Zoeller in England als Wiederbegründer der Viola d'amore bekannt geworden . Er hat ein Lehrbuch mit einer historischen Einführung in die Bedeutung des Instruments veröffentlicht und auch für dieses Instrument komponiert. Die folgende interessante Passage findet sich in John Playfords *Musick's Recreation on the Viol Lyra-way* , London, 1661: „Die ersten Autoren, die auf diese Weise Unterrichtseinheiten für die Viol erfanden und vertonten, waren Herr *Daniel Farunt* , Herr *Alfonso Ferabosco* und Herr *John Coperario* alias *Cooper* . Der erste von ihnen war ein sehr einfallsreicher Mensch, der mehrere seltene Instrumententwürfe erfand, wie den Poliphant und den Stump, die mit Draht bespannt waren; und auch sein letztes, eine *Lyra-Viol* , die mit Lautensaiten und Drahtsaiten bespannt war, die eine über der anderen; die Drahtsaiten wurden durch einen hohlen Durchgang im Hals der Viol geführt und so zu deren Schwanz gebracht und durch einen Steg von etwa ½ Zoll etwas über den Bauch der Viol angehoben. Diese wurden so gelegt, dass sie den darüber liegenden gleich waren, und im Einklang mit den darüber liegenden gestimmt , so dass durch Anschlagen der darüber liegenden Saiten mit dem Bogen ein Ton erzeugt wurde aus die aus Draht darunter, was sie sehr harmonisch machte; von dieser Art von Gamben habe ich viele gesehen, aber Zeit und Nichtgebrauch haben sie beiseite gelegt." Diese Beschreibung könnte sich auf die Viola Bastarda bezogen haben , deren Erfindung Praetorius England zuschreibt. Ein großer Fachmann auf diesem Gebiet, Mr. EJ Payne, sagt in Sir George Groves *Dictionary of Music and Musicians* (Artikel Violine), dass das Prinzip der sympathischen Schwingung auf mehrere Gamben angewendet wurde, sogar auf die kleine Sordino. Die Viola Bastarda war die Viola da Gamba mit zusätzlichen Drahtsaiten. Auf die gleiche Weise wurde aus der Tenorgambe die übliche Viola d'Amore . Letztere variierte allerdings in ihrer Konstruktion; Mattheson (1713) gab den Namen einer Gambe mit vier Metallsaiten und einer aus Darmsaite, die seiner Aussage nach „den schönen Namen Viola d'Amore (Viole d'Amour) trug, weil sie viel Sehnsucht und Zärtlichkeit ausdrückt." Dies muss der Viola d'Amore ähnlich gewesen sein, „mit fünf mit einem Bogen gespielten Saiten " , die Evelyn 1679 als „vor allem wegen ihrer Süße und Neuheit" beschrieb.

Die Stimmung der Viola d'Amore war zunächst die übliche Gambenstimmung mit Quarten und einer Terz, später wurde ihr jedoch die übliche Dur-Akkordstimmung gegeben, die als „Harp-way Sharp" (aufgrund des einfachen Arpeggios und der großen Terz) bekannt ist. Diese Stimmung wurde von Meyerbeer für sein anmutiges *Obbligato übernommen* . Ob Bach für eine echte Viola d'amore schrieb , ist fraglich; der in der Johannis-Passion verwendete Tonumfang lässt auf eine gewöhnliche Viola schließen, die teilweise mit Stahl- oder Messingsaiten bespannt gewesen sein könnte. Berlioz schreibt in seinem *Traktat über die Instrumentation* der Liebesvioline mit Resonanzsaiten: „Die Qualität der Viole d'Amour ist schwach und süß; es liegt etwas Seraphisches darin, dass sie gleichzeitig an der Viola und den Obertönen der Violine teilhat. Sie eignet sich besonders gut für den Legato-Stil, für verträumte Melodien und für den Ausdruck ästhetischer oder religiöser Gefühle." Ich denke, man kann wohl davon ausgehen, dass es hinreichende Gründe dafür gibt, ein aus der Mode gekommenes Instrument wieder in Gebrauch zu bringen, wenn es – wie diese faszinierende Viola – über eine besondere Eigenschaft verfügt.

Die Viola d'Amore und andere Instrumente in diesem Werk, die zum Musikunterrichtsraum der Universität Edinburgh gehören, wurden mit Genehmigung von Professor Sir Herbert Oakeley, Mus. Doc. und Komponist Ihrer Majestät der Königin für Schottland, gezeichnet.

The linked image cannot be displayed. The file may have been moved, renamed, or deleted. Verify that the link points to the correct file and location.

- 85 -

TAFEL XXVIII.

CETERA,
VON ANTONIUS STRADIVARIUS.

Eine interessante italienische Zither aus dem Jahr 1700, die hinsichtlich Design, Schönheit und Verarbeitung mit der englischen Zither von Lord Tollemache, bekannt als Queen Elizabeth's Lute, verglichen werden kann. Es gehört dem Geiger Alard und fand einen Platz in der großartigen Sammlung von Violinen und anderen Saiteninstrumenten, die 1885 durch die Vermittlung von Herrn E. Gand aus Paris an die Music Loan Collection in der Royal Albert Hall geschickt wurden wurde ebenfalls von Herrn Vuillaume an die South Kensington Collection von 1872 verliehen . Dieses Instrument sowie die auf der nächsten Tafel gezeichnete Gitarre zeigen, dass Stradivarius nicht abgeneigt war, andere Instrumente als Violinen zu bauen. Es ist bekannt, dass er neben Zithern und Gitarren auch eine Harfe gebaut hat. Es werden zwei Ansichten von diesem Cetera und ein vergrößertes Profil des Kopfes und des Wirbelkastens gegeben. Es handelt sich um den Kopf einer Frau, der Diana darstellen soll – einen Satyr und eine Nymphe hinter dem Wirbelkasten, der als Krummstab oder Griff zum Tragen des Instruments dient, wie die Eidechse in Mr. Donaldsons Buch Cetera bereits beschrieben hat.

Man erkennt, dass sich diese Cetera von der Quinterna auf Tafel XXIII unterscheidet. ; Es ist in seiner Form eines der ältesten existierenden Musikinstrumente.

PLATTE XXIX.

GITARRE,
VON ANTONIUS STRADIVARIUS.

DIESE Gitarre ist auf der Rückseite des Wirbelkastens mit der Aufschrift ANT S STRADIVARIVS CREMONEN S beschriftet . F 1680. Es wurde 1881 aus Brescia gebracht und von den Herren WE Hill and Sons of London erworben. Es wurde vermutet, dass dies die einzige Gitarre des berühmten Geigenbauers gewesen sein könnte; aber auch eine weitere, im Museum des Pariser Konservatoriums, wird für Stradivari beansprucht.

Die wunderschöne Arabeskenrose dieser Gitarre wird die Blicke auf sich ziehen. Das Wappen auf dem Griffbrett weist auf die Adelsfamilie hin, zu der das Instrument einst gehörte.

Obwohl sie häufig in Italien, Frankreich und Deutschland hergestellt wird, ist die Gitarre das spanische Nationalinstrument. Auch wenn die Mode ihre Verwendung in anderen Ländern zeitweise zulässt, ist sie ein exotisches Instrument, denn ihr Charakter und ihre Traditionen sind eng mit Spanien verbunden, wo sie die universelle Begleitung zu Gesang und Tanz ist. Die andalusische Seguidilla und der Fandango mit Kastagnettenbegleitung sind charakteristische Tänze, die mit Gesangsdarbietungen von *Coplas* und *Estrevillo* (Couplets aus vier kurzen Zeilen und einem Refrain aus drei Zeilen) kombiniert werden und eher den Charakter einer Improvisation als einer festgelegten Darbietung haben. Im Norden Spaniens werden die Jota Aragonesa und die Jota Navarra von einem Gesangsrefrain sowie Kastagnetten, Händeklatschen und Fingerschnippen begleitet. Alle diese spanischen Tänze sind im Dreiertakt mit bestimmten rhythmischen Besonderheiten; gelegentlich veredeln berufene Gitarrenspieler sie zu Kompositionen von besonderem Interesse und Schönheit und überraschen den Zuhörer mit den Fähigkeiten der spanischen Gitarre als Soloinstrument. Doch in Wahrheit wird sich der Künstler bemerkbar machen, wie begrenzt die Reichweite und Kraft des Instruments auch sein mag.

- 89 -

PLATTE XXX.

Glockenharfe und Drehleier.

Die Bell Harp ist zwar in modernen präraffaelitischen Gemälden zu sehen und ist eine Art Psalterium mit Saiten, kann aber nicht als mittelalterliches Instrument eingestuft werden, da sie erst aus dem Jahr 1700 stammt. Ihre Erfindung wird John Simcock zugeschrieben, einem Soldaten, der dem Etikett im Inneren nach zu urteilen wahrscheinlich den Namen seines Vorgesetzten für das Instrument gab. Es lautet wie folgt: „John Simcock, Mitglied des Dragonerregiments des hochwürdigen Earl of Ancram und der Truppe von Captain Bell, fertigt, repariert und verkauft die englische Harfe; außerdem unterrichtet er Herren im besten Spiel dieses Instruments." Robert, dritter Earl of Ancram , später Marquis of Lothian, wurde 1696 zum Oberst des siebten Dragonerregiments ernannt.

Die hier abgebildete Glockenharfe gehört Miss EA Willmott aus Warley Place, Essex, ebenso wie die Drehleier darunter auf derselben Tafel. Sie hat vier Rosen und vierzehn Töne aus Messingsaiten mit jeweils vier Stimmen. Die äußerste Länge der Seiten beträgt 21 Zoll; die Breite an der Oberseite beträgt 6 5/8 Zoll und an der Unterseite 13½ Zoll. Simcock konstruierte Glockenharfen mit mehr Tönen, gelegentlich mit jeweils drei Stimmen, mit Ausnahme des tiefsten Tons, der nur aus einer Saite bestand, die mit Draht umwickelt war. Die Tonleiter einer anderen mit sechzehn Tönen, die von John Simcock in Bath hergestellt wurde, wie von Engel angegeben, war:

Die Glockenharfe wird wie die Zither mit einem Plektrum an jedem Daumen erklingen lassen, und der Interpret hält die Harfe, während er die Saiten schnell zum Schwingen bringt, an hölzernen Vorsprüngen an den Seiten des Rahmens fest und schwingt sie auf und ab, was zu dieser Aktion führt Grassineau (*Musical Dictionary* , London, 1740) schreibt den Namen zu. Das mag zwar so gewesen sein, aber es ist sicher, dass die Schwingbewegung keinen nennenswerten Einfluss auf den Ton haben konnte. Vor ein paar Jahren spielte ein Franzose die Glockenharfe in den Straßen Londons und zog das Publikum durch die Neuheit des Instruments und die Anmut, mit der er es schwang, an.

DIE DREHLEIER.

„Mit totem, dumpfem, traurigem, schwerem Summen, mit traurigem Stöhnen, mit schmerzlichem Stöhnen, dröhnt die nüchterne Drehleier."

Diese Zeilen aus einer Ode zum St.-Cäcilien-Tag sollen von Arne für alte britische Instrumente vertont worden sein. Aber sie verleumden ein Instrument , das nur aus Mangel an Erfindern gescheitert ist, um die Entwicklung zu erreichen, die einige seiner früheren Konkurrenten zu dem Ansehen gebracht hat, das ihnen jetzt entgegengebracht wird. Während das Organistrum der Kirche zum Prunkstück der Jongleure wurde, ging es in über Das Hackbrett war im 15. und 16. Jahrhundert die Chifonie und Drehleier des einfachen Volkes und der Vorläufer des Pianoforte. Obwohl die Drehleier einst zu einem sostenenten Tasteninstrument umgestaltet wurde, wie Evelyn es beschrieben hat und als „ Geigenwerk “ die Aufmerksamkeit von JS Bach erregte, ist sie geblieben, was sie war. Die neueste verbesserte Vielle oder Drehleier hatte den folgenden Tastaturumfang und die folgende Stimmung der leeren Saiten:

**Die offenen Noten entsprechen den langen
schwarzen Tasten des Instruments;
die schwarzen Noten mit den kurzen
weißen Tasten.**

Der Klang wird durch die Schwingung der Saiten erzeugt, die durch die Reibung eines Rades, mit dem sie in Kontakt gebracht werden, aufrechterhalten wird. Die Funktion der Drehbewegung ist analog zu der des Geigenbogens, wobei das Rad ebenso vorbereitet ist wie der Bogen , mit Kolophonium. Nicht selten werden sympathische Bindungen geknüpft.

Die hier gezeichnete Drehleier trägt im Klangkörper das Etikett des Herstellers: „ Louvet, Luthier, à la Vielle Royale, rue de la Croix des Petits Champs, à la côté de la petite porte Saint Honoré à Paris , 1757.“ Die Länge ohne Kopf beträgt 19½ Zoll; Die Breite beträgt bei den breiteren Maßen 8 1/8 bzw. 10 Zoll über dem Bauch . Die Schnitzerei des Kopfes in dieser und vielen anderen Violen und Gamben ist eine Botschaft aus der Vergangenheit liebevoller Fürsorge.

Baton, ein Gitarrenbauer aus Versailles, führte im Jahr 1716 Verbesserungen an der Vielle oder Drehleier ein, von denen eine dadurch, dass sie auf die Größe einer Gitarre reduziert wurde, sie für den Auftritt praktischer machte. Er ging sogar noch weiter, indem er es an Lauten- und Theorbenkörper anpasste, während er und seine Nachfolger den Tonumfang nach und nach erweiterten, wobei Louvet um 1773 das höchste G hinzufügte. Es wurde eine Zeit lang zu einem modischen Instrument, und Darstellungen der Vielle und der Musette (ein raffinierter Dudelsack) kommen in zeitgenössischen französischen Gemälden vor. Doch nach der Französischen Revolution wurde die Drehleier erneut auf die Landstraßen und Nebenstraßen verbannt ; Der letzte beliebte Straßenmusiker in Paris war Barbu, der laut Herrn Louis Pagnerre vor 1870 auf den Champs- Élysées und anderen offenen Plätzen sowie gelegentlich in den Innenhöfen der Häuser seiner Gönner zu hören war. Er gab manchmal Konzerte, denn er war Künstler und hatte sowohl Geschmack als auch exekutives Talent; er konnte das Instrument zum Singen bringen, es zur Begleitung seiner eigenen Stimme nutzen oder in Kombination mit Gitarre und Violine mitwirken. Er verschmähte es, um Geld zu bitten, und verließ sich auf die Wertschätzung seines Publikums, um seine Belohnung zu erhalten. Barbu war auch in London gehört worden und soll während der Kommune erschossen worden sein.

☒ The linked image cannot be displayed. The file may have been moved, renamed, or deleted. Verify that the link points to the correct file and location.

- 93 -

Tafel XXXI.

SORDINI.

DIE Sordino ist eine Taschengeige, die „ Pochette " der Franzosen und das „ Taschengeige " der Deutschen. Der Form nach leitet es sich vom mittelalterlichen Rebec ab, das aus dem Osten stammte und auch als „gigue" bekannt war. Sie unterschied sich von der Gambenfamilie dadurch, dass der Hals eine Verlängerung des Instrumentenkörpers und nicht eine Befestigung daran darstellte. Zu Beginn des 18. Jahrhunderts ersetzte eine kleine Gambe, das Tanzmeisterset, das Rebec-Set oder Sordino. Ein Sordino im Museum des Pariser Konservatoriums mit der Jahreszahl 1717 gilt als zweifellos einzigartiges Werk von Stradivari. Tarisio , ein bekannter Geigensammler, brachte sie von Italien nach Frankreich, und Louis Clapisson , der Geiger, Komponist und Sammler, kaufte sie schließlich 1858 und verwendete sie in seiner Oper „ Les trois Nicolas ", indem er eine Gavotte schrieb dafür. Der verstorbene M. Chouquet (Autor von *Le Musée du Conservatoire National de Musique* , Paris, einem Werkverzeichnis *der* Musikinstrumente in dieser Sammlung) hat in begeisterten Worten die Wirkung dieses kleinen Instruments beschrieben, wenn eine Gavotte darauf gespielt wurde Croisilles . „Die alten Abonnenten der Opera Comique erinnerten sich", sagt er, „mit Freude daran" – eine Bemerkung, die darauf schließen lässt, dass der Sordino oder die Pochette über ausreichende Kraft und eine besondere und angenehme Klangqualität verfügte. Das Instrument ist mit vier Darmsaiten und *F-* Löchern auf beiden Seiten des Stegs ausgestattet. Auf den drei Figuren dieser Tafel sind zwei Sordini dargestellt, die eine mit einem Negerkopf in zwei Ansichten, die andere mit einem Abschluss aus Elfenbein.

Diese Sordini gehören zum Musikklassenzimmer der Universität Edinburgh.

- 95 -

PLATTE XXXII.

KLAVICHORD.

„Die Klarikorden haben eine Melodie kynde
Wie der Wyre hoch und niedrig gewunden wird .

JOHN SKELTON, Poet Laureate, der 1489 in Oxford geboren wurde und 1529 im Heiligtum von Westminster starb, war der Autor eines Gedichts mit dem Titel „The Claricorde ", aus dem dieses Zitat stammt. Die wahre Schreibweise ist Clavichord, vom lateinischen „ clavis ", eine Tonart, und „ chorda ", eine Saite. Der Wrestler war der Tuner, der den Draht auf die erforderliche Spannung drängte oder spannte. Die Wörter „Wrest-Pin" und „Wrest-Plank" werden weiterhin technisch für den Stimmwirbel und das Holz verwendet, in das die Stimmwirbel eingesetzt werden.

Das abgebildete Clavichord gehört Herrn Gerald Wellesley aus London. Seine Abmessungen betragen: Länge 5 Fuß 8½ Zoll, Breite 1 Fuß 9 Zoll und Tiefe 6½ Zoll; Breite der Klaviatur 2 Fuß 9½ Zoll. Der Umfang beträgt fünf Oktaven und einen Halbton – vom dritten E unten bis zum dritten F oben, dem eingestrichenen C.

Chinesische Verzierungen, die zu Beginn des letzten Jahrhunderts sehr in Mode waren, wurden nicht selten auf Clavichorden und Cembali angewendet. Als Beispiele für letztere seien das Instrument genannt, das Königin Sophie Dorothea gehörte und bis vor kurzem in ihrem Schloss in Charlottenburg bei Berlin aufbewahrt wurde, heute aber im Hohenzollern-Museum zu finden ist, sowie das Ruckers-Museum . Clavecin oder Cembalo im Turiner Museum. Im Deckel von Mr. Wellesleys Clavichord sind zwei Musikpartys oder Konzerte zu sehen, mit Instrumenten, die allerdings keine chinesischen sind, sondern konventionelle Darstellungen europäischer Geigen und Gitarren.

Das Clavichord ist ohne Frage das älteste Saiteninstrument mit Tastatur, da es aus dem Monochord entwickelt wurde, das für den Gesangsunterricht in Klöstern und Kirchenschulen verwendet wurde. Es scheint in der zweiten Hälfte des 14. Jahrhunderts in Gebrauch gekommen zu sein, aber seine volle Entwicklung erlangte es erst zu Beginn des 18. Jahrhunderts, als sein Ausdruckscharakter tatsächlich durch Verbesserungen in der Sprache deutlich wurde Instrument und die Fingertechnik. Es waren die Bachs , die sich diese Qualität als Medium zunutze machten, um ein charakteristisches und zartes Gefühl auszudrücken. Sein sanfter, intimer Ton wird durch Messingstifte, sogenannte Tangenten, erzeugt, die in den Tasten befestigt und an den oberen Enden abgeflacht sind. Beim Spielen an die Saiten angehoben, versetzen diese Tangenten die Saiten in Schwingung und bilden gleichzeitig Brücken zur Abmessung der für die Töne erforderlichen Längen. Das rote Tuch, das hinter den Tangenten in die Saiten eingewebt ist, dämpft den Klang. Soweit wir Clavichords kennengelernt haben, hatte das Instrument zwei, manchmal drei Saiten aus Messingdraht, die für jede Note unisono gestimmt waren; Die Höhen bestehen jedoch gelegentlich aus Stahldraht, um einen helleren Klang zu erzeugen. Manchmal gab es Oktavsaiten bis zur tiefsten Bassoktave, nach Art einiger Theorben, um diese Töne deutlich zu machen. Diese Gruppen von Unisono dienten für zwei, drei und sogar vier Noten, je nach dem Berührungspunkt der Tangente, die sie berührte, und auf so hergestellte Clavichords verwendeten die Deutschen das Wort „ gebunden " (Bünde). Um das Jahr 1700 erhielt jede Taste ihre eigenen Saiten; und da das Instrument größer geworden war, war es leistungsfähiger und für die Erzeugung von Klangnuancen unterschiedlicher Intensität geeignet. Es gab auch das „ Bebung ", das analog zum *Vibrato* des Geigenspielers ist und durch Hin- und Herbewegungen des Fingers auf der Taste erreicht wird, ohne sie loszulassen. Das Clavichord ist das einzige Tasteninstrument, das diesen Effekt ermöglicht, es muss jedoch darauf geachtet werden, eine übermäßige Anhebung der Tonhöhe der so behandelten Note zu vermeiden — tatsächlich muss beim Spielen des Clavichords eine konstante Gleichheit des Anschlags gewahrt bleiben. um eine genaue Intonation zu bewahren.

Eine der inspiriertesten Kompositionen, die je für das Clavichord geschrieben wurden, ist die „ Fantasia Cromatica e Fuga " von Johann Sebastian Bach. Die Figuration, die Art der Bindung, die Arpeggios und vieles mehr in diesem Stück sind äußerst charakteristisch für das Instrument. Für eine Aufführung, die die ursprüngliche Lesart so weit wie möglich reproduzieren soll, sollte das Stück zunächst auf einem Clavichord und nicht auf einem Pianoforte einstudiert werden. Der sanfte Einfluss des Instruments macht sich bald bemerkbar, und sowohl Spieler als auch Zuhörer scheinen eine andere und reinere Atmosphäre zu atmen. Aber eine solche Aufführung erfordert Konzentration und jene ruhige Umgebung, die die alten Komponisten genossen.

Ich bin nie fröhlich, wenn ich süße Musik höre.
Der Grund ist, dass Ihre Stimmung aufmerksam ist.
SHAKESPEARE .

Musik, die sanfter auf dem Geist liegt,
als müde Augenlider auf müden Augen.
TENNYSON.

The linked image cannot be displayed. The file may have been moved, renamed, or deleted. Verify that the link points to the correct file and location.

PLATTE XXXIII.

DAS KAISERIN-CEMBALO.

STELLT ein Cembalo der größten Größe dar, die Krönung eines Instruments, das fast dreihundert Jahre lang in Gebrauch war, aber zum Zeitpunkt seiner Herstellung gerade durch das Pianoforte ersetzt werden sollte. Dieses schöne Cembalo trägt die gemeinsamen Namen Shudi und Broadwood und wurde in dem Haus gebaut, das heute als Nr. 33 Great Pulteney Street in London bekannt ist, wo noch immer das Pianofortegeschäft von Messrs. John Broadwood and Sons betrieben wird. Das Instrument trägt die Nummer 691, und aus den Büchern der ursprünglichen Firma geht hervor, dass es für Kaiserin Maria Theresia gebaut und am 20. August 1773 verschifft wurde, was zufällig der Tag nach Shudis Tod war. Er hatte sich jedoch seit einiger Zeit aus dem Cembalobau zurückgezogen, und dieses Instrument ist eigentlich seinem Schwiegersohn John Broadwood zuzuschreiben. Burkhard Tschudi, oder Shudi , wie er seinen Namen in England schrieb, entstammte einer adligen Schweizer Familie. Er hatte sein Geschäft als Cembalobauer um 1732 in der Great Pulteney Street eröffnet. Durch Händels Freundschaft wurde er von Frederick, Prince of Wales, dem Vater von George III., gefördert und durfte das Schild „The Plume of Feathers" für sein Haus verwenden. Er erhielt die Ehre, von Maria Theresias altem Feind, Friedrich dem Großen, den Auftrag zu erhalten , zwei Cembali für das „ Neue Palais " in Potsdam zu bauen, wo sie noch heute zu sehen sind. Eines davon wird zusammen mit Silbermanns Forte Piano in Dr. Burneys berühmter Tour beschrieben. Einige Jahre zuvor hatte Shudi ein Cembalo gebaut und es Friedrich anlässlich seines Sieges in Prag geschenkt, doch der Autor dieser Zeilen konnte das Instrument nicht finden, als er 1881 Berlin und Potsdam einen Besuch abstattete. Von Shudi und Jacob Kirkman, einst Lehrkollegen und später Konkurrenten, kann man sagen, dass sie das Cembalo zu einem kraftvolleren Instrument machten, das durch seine Register und Register eine größere Wirkung hatte als jemals zuvor.

Shudi war der Erfinder des Venetian Swell (patentiert 1769), das er für das Cembalo vorsah. Als das Patent auslief, wurde diese Vorrichtung in England allgemein übernommen und ist, nachdem sie auf die Orgel übertragen wurde, seitdem ein wichtiges Mittel zur Wirkung dieses Instruments geblieben. Die Abbildung auf der Tafel zeigt den offenen venezianischen Wellengang, wie er wäre, wenn das rechte Pedal niedergedrückt wird. Es gibt vier Register und sechs Register in diesem Instrument. Wenn wir sie in ihrer Reihenfolge von links nach rechts betrachten, finden wir auf der linken Seite die „Laute", deren Saiten oder Plektren die erste unisono Saite in der Nähe der

Stimmwirbelbrücke erklingen lassen und einen stärkeren Klang erzeugen wird von den üblichen Schlagstellen erhalten; die „Oktave", die, wie der Name schon sagt, auf Saiten wirkt, die eine Oktave höher gestimmt sind, kürzere Längen haben und unter den anderen liegen; und der „Buff" - Register (manchmal auch „Harfe" genannt), der durch den Kontakt kleiner Lederpolster die zweiten Unisono-Saiten teilweise teilweise dämpft. Auf der rechten Seite befinden sich die erste und zweite Reihe der Unisono-Saiten. Auf der oberen Tastatur sind nur das erste Unisono und die Laute zu hören, während auf der unteren Tastatur alle Register vom Spieler kontrolliert werden können. Der Maschinenanschlag links neben den Tasten ermöglicht einen angenehmen Wechsel zwischen Laute und Buff (Harfe) durch Betätigen des linken Pedals und beider Tastensätze. Kirkman scheint seine Register für die linke Hand anders angeordnet zu haben – Buff, Laute, Oktave. Die Abmessungen des hier gezeichneten Cembalos betragen 8 Fuß 9¾ Zoll in der äußersten Länge und 3 Fuß 4 Zoll in der Breite an den Tasten. Die große Breite der Klaviatur des modernen Klaviers macht es bei der Gestaltung unmöglich, die besondere Anmut des Cembalos zu reproduzieren.

Unter den Komponisten waren Händel und Scarlatti diejenigen, die die Genialität des Cembalos am besten verstanden haben. Ersterer fasste mit seinem berühmten Air mit Variationen in d-Moll und dem darauf folgenden Presto die Geschichte und Technik des Instruments, soweit es damals bekannt war, zusammen. Scarlatti entdeckte in seiner technischen Raffinesse und Wirkung so viel Neues, dass wir uns immer noch von einer Individualität angezogen fühlen, deren Originalität bis jetzt von der Zeit unberührt geblieben ist. Das einzige parallele Beispiel, wenn auch in keiner anderen Weise ähnlich, ist das von Frédéric Chopin als Komponist und Interpret am Klavier.

Mit dem Cembalo verschwand die Generalbassbegleitung bzw. Generalbassbegleitung, die zweihundert Jahre lang die Grundlage einer korrekten musikalischen Ausbildung bildete. Nach und nach erregte das Training von Technik und Gedächtnis bei Klavierspielern die Aufmerksamkeit, die darauf gerichtet war, die von einem Cembalospieler erwartete Geläufigkeit der Improvisation zu entwickeln.

Dieses Cembalo wurde 1885 von Herrn Victor Mahillon aus Brüssel an die South Kensington Music Loan Collection geliehen.

The linked image cannot be displayed. The file may have been moved, renamed, or deleted. Verify that the link points to the correct file and location.

- 101 -

TELLER XXXIV.

PEDAL-HARFE.

Eine GRÜNE und goldene Harfe, die einst Georg IV. gehörte und sich jetzt im Besitz von Herrn Edward Joseph aus London befindet. Es ist 5 Fuß 3 Zoll hoch, 2 Fuß 6 Zoll extrem breit und an der Basis 1 Fuß 9 Zoll breit. Es wurde 1885 in den charakteristischen Louis Seize Historic Room der Music Loan Collection der Royal Albert Hall aufgenommen. Dieser Raum, einer von drei, war so gestaltet, dass er die Musikinstrumente im gesellschaftlichen Gebrauch in einer Umgebung mit Möbeln, Gemälden, usw., wie es für den Zeitraum zutreffen würde. Diese historischen Räume wurden von Herrn Alfred Maskell, dem offiziellen Leiter der Musikleihsammlung, vorgeschlagen und von Herrn George Donaldson mit großem Wissen und Geschmack eingerichtet. Sie stellten ein englisches Appartement aus der Zeit Georgs I. dar, ein Tudor-Appartement, zu dem auch das Jungfrauenzimmer von Königin Elizabeth gehörte, und ein Louis-Seize-Apartment, das neben der Harfe auf dem begleitenden Gemälde auch die wunderschön bemalten Ruckers enthielt Clavecin oder Cembalo (geliehen von Viscount Powerscourt), das der unglücklichen Marie Antoinette gehört hatte. Es gibt ein Foto dieses Cembalos im Katalog der South Kensington Collection von 1872 und einen Holzstich des Louis-Seize-Raums, der sowohl Cembalo als auch Harfe zeigt, im *Art Journal* vom August 1885.

Der erste Pedalmechanismus wurde um 1720 von dem Bayern Hochbrucker erfunden . Er machte damit die Harfe für Tonartwechsel geeignet, die bis dahin nur teilweise durch umständliche Vorrichtungen möglich waren. Indem er ein Pedal verwendete, um jede leere Saite um einen Halbton anzuheben, was durch Druck auf die Saiten erreicht wurde, gab er der Harfe acht Dur- und fünf vollständige Moll-Tonleitern sowie drei absteigende Moll-Tonleitern . Die Cousineaus , die Franzosen, Vater und Sohn, ersetzten Hochbruckers Vorrichtung durch eine andere, bei der die Saiten mit Metallstücken auf beiden Seiten ergriffen oder eingeklemmt wurden und die Stegstifte durch Schieber angehoben oder abgesenkt wurden. Indem sie die Pedale und den Mechanismus verdoppelten und die Tonart der leeren Saiten von Es auf Cis änderten , bauten **sie** um 1782 die erste Harfe mit doppelter Pedalmechanik. Es blieb jedoch Sebastian Erard überlassen, die Harfe mithilfe eines äußerst raffiniert konstruierten Gabelmechanismus zu vervollkommnen. Er begann etwa 1786 mit der Harfe mit einfacher Saitenlage und wandte sich 1801 der Harfe mit doppelter Saitenlage zu. Erst 1810 gelang ihm jedoch die Krönung seiner zahlreichen Verbesserungen in einer Harfe mit großer Klangschönheit, sieben Pedalen und zwei Transpositionen, dem Halbton und dem Ganzton, die das Spielen in jeder

Tonart ohne Änderung der Fingertechnik ermöglichte. Trotz dieser wichtigen Erfindungen hat die Harfe als Soloinstrument fast ihre Bedeutung verloren. Moderne Komponisten haben sich ihre Bedeutung jedoch zunutze gemacht und sie mit bezaubernder Wirkung als Orchesterinstrument übernommen.

Tafel XXXV.

Staatliche Trompete und
Pauke.

DIESE silberne Staatstrompete gehört zusammen mit neun anderen, die mit Bannern des königlichen Wappens in Purpur und Gold geschmückt sind, sowie silberne Staatspauken, die ähnlich geschmückt sind, zur Sammlung Ihrer Majestät der Königin im St. James's Palace. Sie wurden beide wahrscheinlich während der Regierungszeit von Georg III. hergestellt, wobei eine der Trompeten in der Sammlung den Namen des Herstellers trägt: William Shaw, Red Lion Street, Holborn. Heinrich VIII. hatte vierzehn Trompeten in seiner Royal Band, während Königin Elisabeth 1587 zehn hatte.

Das Zurückbiegen der Trompete, heute ein bekanntes Merkmal des Erscheinungsbildes des Instruments, war eine Erfindung eines Franzosen gegen Ende des 15. Jahrhunderts. Die Trompete ist eines der ältesten Blasinstrumente, das gemeinsam mit anderen Instrumenten eingesetzt wird. Bereits 1607 wurde am Hof von Mantua ein Stück für fünf Trompeten im *Orfeo von Monteverde gespielt*. Es wurde zu einem sehr kultivierten Instrument, und Händels und Bachs Stimmen dafür sind äußerst schwierig. Die Töne der Trompete sind die natürlichen Obertöne, die durch den unterschiedlichen Druck der Lippen im Mundstück erzeugt werden. In jüngster Zeit wurden Schieber und Kolben eingesetzt, um den Kompass zu erweitern und seine Verwendung zu erleichtern.

Die Staatstrompeten erklangen, um die Ankunft Ihrer Majestät der Königin in der Westminster Abbey anlässlich des Dankgottesdienstes zu ihrem Jubiläum am 21. Juni 1887 anzukündigen, so wie sie es bereits 50 Jahre zuvor am 20. desselben Monats getan hatten, um ihre Thronbesteigung zu verkünden. Die Fanfare für vier Trompeten, die die Staatstrompeter beim Jubiläumsgottesdienst spielten, wird hier mit freundlicher Genehmigung des Komponisten, Herrn Thomas Harper, wiedergegeben, der selbst ein berühmter Spieler der Zugtrompete ist, eines Instruments, das heute auf dem Kontinent kaum noch bekannt ist.

The linked image cannot be displayed. The file may have been moved, renamed, or deleted. Verify that the link points to the correct file and location.

- 105 -

Die silberne Staatspauke mit dem königlichen Banner ist das einzige Mitglied der Trommelfamilie, das auf die Tonhöhe der Kapelle gestimmt werden kann und einen klar erkennbaren Ton erzeugt. Das Fell besteht aus Pergament und ist auf einen Ring gespannt, der eng um den Kessel der Trommel passt. Schrauben, die auf diesen Ring wirken, ziehen oder lockern das Fell, um den gewünschten Ton aus seinem Tonumfang zu erzeugen. Das Paukenpaar ist normalerweise auf Tonika und Dominante gestimmt, aber Spannungsunterschiede im Fell, die auf die nicht perfekt homogene Membran zurückzuführen sind, beeinträchtigen die absolut genaue Wiedergabe der Töne.

The linked image cannot be displayed. The file may have been moved, renamed, or deleted. Verify that the link points to the correct file and location.

Platte XXXVI.

Kavallerie-Hörnchen, MIT QUASTEN.
KAVALLERIE-TROMPETE, GEPRÄGT.
TROMPETEN,
DREI INSTRUMENTE – MIT STABSTABEN, VERGOLDET
UND SILBER MONTIERT.

Das mit Quasten geschmückte Kavalleriesignal, das von Seiner Königlichen Hoheit, dem Prinzen von Wales, dem Präsidenten der International Inventions Exhibition 1885, der Music Loan Collection großzügig gespendet wurde, ist von historischem Interesse, da es vom Trompeter Smith verwendet wurde, um den Angriff der Household Cavalry und der 7. Dragoon Guards im Mondschein am 28. August 1882 in Kassassin in Ägypten zu blasen.

Die Trompete mit Krummstäben wurde von Sergeant-Major Webb von der 5. Dragonergarde, Feldtrompeter, zum Herzog von Wellington getragen, und mit diesem Instrument ließ er den großen Angriff in der Schlacht von Salamanca am 22. Juli 1812 erklingen. Sie ist Eigentum von einem Nachkommen des Sergeant-Majors, Herrn Joseph Webb, der die ihm oft wiederholte Beschreibung des Veteranen von dem besorgten Moment beisteuerte, als der Befehl gegeben wurde, den Angriff zu ertönen. „Ich zitterte am ganzen Körper, als ich die Trompete an meinen Mund hob, denn ich konnte sehen, was die Jungen vor sich hatten, aber sobald meine Lippen das Mundstück berührten, verließ mich die Angst, und ich blies eine solche Ladung, wie ich sie noch nie zuvor hatte oder." konnte danach."

Die geprägte Kavallerietrompete mit einem sehr schweren Mundstück, die Herrn AW Malcolmson gehört, ist englisch und wurde im letzten Jahrhundert von William Sandbach hergestellt. Die übrigen Trompeten gehören Herrn Thomas Harper, wobei die vergoldete um 1730 von John Harris und die silbermontierte um 1680 von William Bull hergestellt wurde.

- 109 -

LITUUS,
RÖMISCHE KAVALLERIE.
BUCCINA,
RÖMISCHE INFANTERIE.
KORNET
MIT ZWEI VENTILEN.
TROMPETEN.

Der römische Lituus, das antike gerade Instrument mit dem gebogenen Ende, ist einer Reproduktion des Originals in Bronze nachempfunden, das 1827 in Cervetri, dem etruskischen Caere, im Grab eines Kriegers gefunden und im Vatikanischen Museum aufbewahrt wurde. Der Lituus erhielt seinen Namen vom Stab des Auguren, dem er in seiner Form ähnelte; er gehörte zur Kavallerie des Römischen Reiches. Er erzeugt die folgenden Eigentöne oder Naturtöne:

die Septime ist flacher als der Ton, der in unserer modernen Tonleiter vorkommt. Der Grundton, den die Länge dieses Rohrs – 5 Fuß 4 Zoll – ergeben würde, kann nicht erzeugt werden. Dank einer detaillierten Beschreibung des Originalinstruments durch Signor Alessandro Kraus junior aus Florenz konnte Herr Victor Mahillon diese interessante Reproduktion eines Instruments herstellen, das die einzige bekannte antike Trompete zu sein scheint. Die gebogene Buccina stammt von einer anderen Reproduktion eines Instruments, das im Museum von Neapel aufbewahrt und bei Ausgrabungen in Pompeji gefunden wurde. Sie wurde unter dem linken Arm des Executanten hindurch und über seine rechte Schulter geführt, in einer Weise, die ein Fußsoldat leicht übernehmen könnte. Diese Buccina ist im Einklang mit dem Horn in G und hat einen Signalhornton. Ihre Töne sind –

Die siebte und elfte Harmonische stimmten nicht mit den entsprechenden Noten in unseren empfangenen Tonleitern überein und der Grundton war wiederum undurchführbar. Lituus und Buccina erklingen zu lassen bedeutet, die Echos der alten Vergangenheit zu wecken; Aber egal, ob römisch, griechisch oder ägyptisch geblasen, wir können sicher sein, dass die harmonische Aufteilung einer Luftsäule in vibrierende Abschnitte keine Veränderung kennt und damals wie heute dieselbe war.

Das Kornett mit zwei Ventilen zeigt eine der frühesten Adaptionen der heute vorherrschenden Kolben, wie sie von C. Saxe aus Brüssel eingeführt wurden.

Eine Trompete von Johann Wilhelm Haas aus Nürnberg ist veraltet; das andere, ebenfalls von Haas, ist halbkreisförmig gebogen, um die Herstellung gestoppter Noten zu erleichtern, und weist eine merkwürdige Gravur auf.

Diese fünf Instrumente gehören dem Brüsseler Conservatoire Royal.

PLATTE XXXVIII.

ZWEI DOPPELFLAGEOLETTE,
EINE DEUTSCHE FLÖTE UND ZWEI
FLÛTES DOUCES .

DAS Flageolett ist das letzte Beispiel der gegenwärtig verwendeten „ flûtes douces " oder „ à bec " (deutsche Blockflöten), die mit umgekehrten Kegeln versehen sind, das heißt mit dem Ansatz am größeren Ende. Pepys erwähnt es in seinem *Tagebuch* (1. März 1666): „Als ich nach Hause zurückgekehrt bin, finde ich Greeting, den Flageolettmeister, der gekommen ist und meine Frau unterrichtet, und ich denke, meine Frau wird Freude daran haben, und zwar daran." wird für sie einfach und angenehm sein;" und noch einmal (20. Januar 1667): „An Drumbleby's, den Pfeifenmacher, der da war, um Ratschläge zur Herstellung eines Flageoletts zu geben, das tief und weich ist; und er zeigte mir einen Weg, wie das geht , und auch eine Art und Weise, zwei zu haben." Pfeifen derselben Note, die aneinander befestigt sind, so dass ich in der einen spielen und sie dann auf der anderen wiedergeben kann, was sehr hübsch ist.

Die Doppel-Flageoletts in der Tafel wurden von W. Bainbridge, London, hergestellt, der eine Spezialität für solche Instrumente hatte. Die flûtes douces —in Shakespeares *Hamlet* , die „Blockflöten" – wurden in Familien wie Violen, Cromornes , Schalmeien und andere bekannte elisabethanische Instrumente hergestellt, eine Mode, zu der die moderne Instrumentierung tendenziell zurückkehrt. Evelyn erwähnt sie 1679 als „heute sehr gefragt zur Gesangsbegleitung". Eine Bass- und eine Diskantflöte sind abgebildet, außerdem eine einklappige deutsche oder Querflöte, die im letzten Jahrhundert aufgrund ihrer Schönheit und ihres Klangs, obwohl sie eine mangelhafte Intonation hatte, ein beliebtes Instrument war und die Flûte douce in der Gunst des Publikums verdrängte . Bei den Konzerten mit Alter Musik, die im Juli 1885 von Mitgliedern des Brüsseler Konservatoriums im Musikzimmer der Inventions Exhibition in South Kensington gegeben wurden, wurde ein Satz aus einem Konzert von Quanz (Musikmeister Friedrichs des Großen) von Mr. Dumon auf einer einklappigen Elfenbeinflöte gespielt. In denselben Konzerten spielten Herr Dumon und seine Schüler einen Marsch der Landsknechte aus der Zeit des Friedens von Cambrai (1519) auf acht Flöten (flauti dolci), teilweise begleitet von einer Trommel. Dies war die Militärmusik jener Zeit.

Die deutsche Flöte ist das zweite Instrument auf der Platte; Die Flûtes douces sind die Terz und Quinte von links nach rechts. Diese Instrumente und die auf der nächsten Tafel gezeichneten Instrumente sind Eigentum der Herren J. & R. Glen, Edinburgh.

The linked image cannot be displayed. The file may have been moved, renamed, or deleted. Verify that the link points to the correct file and location.

PLATTE XXXIX.

DOLCIANO . OBOE. FAGOTT.
OBOE DA CACCIA . BASSETHORN.

DIE Schalmei der englischen Bibel ist die Schalmei , das Diskantinstrument der alten Pommer- oder Bombardo-Familie und der Ursprung der modernen Oboe. Die Oboe da caccia , abgeleitet von der Alto Pommer oder Bombardo Piccolo des 16. Jahrhunderts, ist nicht mehr in Gebrauch, an ihre Stelle ist das italienische Corno Inglese (französisch Cor Anglais) getreten. Da es einige Verwirrung über die Beschreibung der Oboe da caccia und der Oboe d'amore durch verschiedene Autoren gibt , greife ich auf die maßgebliche Definition von Dr. WH Stone zurück, dass die Oboe da caccia ein um eine Quarte angehobenes Fagott ist, während die Oboe d' amore ist eine um eine Quinte abgesenkte Oboe. Das Fagott, die zentrale Figur der Tafel, wurde als Weiterentwicklung des Basspommers oder Bombardone angesehen , und die Transformation wurde allgemein einem Kanoniker aus Ferrara namens Afranio zugeschrieben, der aus Pavia stammte. Diese Frage wurde nun endgültig von Graf LF Valdrighi , dem Bibliothekar der Biblioteca Estense in Modena, geklärt. Er hat bewiesen (*Musurgiana* , Nr. 5, „ Il Phagotus d'Afranio "), dass Afranios Erfindung *vor* 1539 den Charakter einer Corna hatte Musa (Cornemuse oder Dudelsack), wobei der Sack höchstwahrscheinlich mit Melodiepfeifen mit weichem Bass kombiniert wird, die wegen ihrer Klangqualität „ Dolcisuoni " genannt werden, woher der Dolcino- Bass der Kirchenorgeln stammt. Diese Erfindung wurde von Giambattista Ravilio , ebenfalls aus Ferrara, verbessert und dreißig Jahre später von Sigismund Scheltzer aus Nürnberg perfektioniert , der den Cornemuse- Beutel ablehnte und die beiden Röhren zum „ Fagotto " vereinte, so benannt nach der Faschine der Buche (fagus) .) oder Schwuchteln. Das Fagotto ist das gleiche wie unser Fagott. Diese Aufklärung einer umstrittenen Erfindung wurde an einem sehr unwahrscheinlichen Ort entdeckt – in einer Einführung in die chaldäische Sprache, veröffentlicht 1539, geschrieben vom Neffen von Afranio, Teseo-Ambrogio Albonesio , Professor für Chaldäisch und Syrisch an der Universität Bologna .

Der Dolciano ganz links auf der Tafel verdankt seinen Namen also offenbar dem ursprünglichen Fagott. Dieses Instrument hat jedoch ein Klarinetten- oder Schlagrohrblatt, nicht das Doppelrohrblatt von Oboe und Fagott. Ich erkläre dies auf Grundlage der hohen Autorität des Klarinettenspielers Mr. Henry Lazarus, der es „Tenoroon" nennt, aber Dr. Stone hat diesen Namen als Synonym für Oboe da caccia akzeptiert und nennt dieses Instrument mit Klarinettenrohrblatt „ Dolciano ". Mr. Lazarus spielte, als er in der Band des

Royal Military Asylum spielte, wie er mir mitteilte, auf einem solchen Instrument, das von Garrett aus Westminster hergestellt wurde, und zwar zu einem Zeitpunkt, der vor der Erfindung von Sax liegen muss, bei der das konische Rohr und das Klarinettenrohr im Saxophon kombiniert wurden. Das Bassetthorn oder Corno di Bassetto ganz rechts auf der Tafel ist die Altklarinette, die eine Quinte tiefer liegt als die Klarinette in C. Sie soll 1770 im bayerischen Passau erfunden worden sein, der Name des Erfinders ist jedoch nicht überliefert. Sie wurde 1782 von Lotz aus Presburg und 1812 erneut von Iwan Müller verbessert . Mozart schrieb in seinem berühmten Requiem zwei Stimmen für Bassetthörner. Die relativen Positionen der Oboe und der Oboe da Caccia in der Tafel sind oben angegeben.

The linked image cannot be displayed. The file may have been moved, renamed, or deleted. Verify that the link points to the correct file and location.

PLATTE XL.

SITÁRS UND VÍNA.

DIE Sitár ist das beliebteste Instrument Oberindiens und wurde im 13. Jahrhundert vom Dichter-Musiker Amir Khusru aus Delhi wieder eingeführt und perfektioniert. Der Name ist persisch und bedeutet „drei Saiten", obwohl die Sitár heute normalerweise fünf, sechs und manchmal sieben Saiten hat. Sitárs, *Taruffe* genannt, haben sympathische Saiten aus feinem Draht, die an der Seite des Halses befestigt sind und unter den Bünden und dem Steg verlaufen, um im Einklang mit den gespielten Noten derselben Tonhöhe zu schwingen. Diese Erfindung ist in Europa zwar neueren Datums, im Osten jedoch von großem Alter und wird in der Sangíta erwähnt Ratnâkera , das früheste bekannte Werk in Sanskrit über Musik. Die Hauptsaiten der Sitár werden von einem Drahtplektrum erklingen lassen, das am Zeigefinger der rechten Hand des Spielers getragen wird; und ihre Übereinstimmung, die vermerkt wurde, als sie Herrn AJ Ellis und mir von Seiner Heiligkeit, dem Rájah, übergeben wurde Rám Pál Singh, ein in England lebender indischer Prinz, der auf einer schönen Sitár spielte , die sich jetzt in meinem Besitz befindet, ist

. Hier ist der Grundton oder Khuruj F. Diese Stimmungsmethode ist zwar nicht so verbreitet wie die später angegebenen Stimmungen, wird aber im Norden Indiens und im Punjab verwendet; und eine ähnliche Verwendung der zweiten und dritten Saiten für leere Saiten findet sich in der Stimmung des Sur- s'ringâra . Die F-Saite ist die Melodiesaite, die von den Bünden gehalten wird. Die anderen Saiten werden gelegentlich angeschlagen, aber nur selten und niemals, um Harmonie zu erzeugen. Die Messingbünde sind mit Katgutbändern am Hals befestigt und beweglich, so dass durch Veränderung ihrer Position unterschiedliche Modi erzielt werden können. Der klassische Sanskrit- Name für die Sitár , das links gezeichnete Instrument, war Tritantri (dreisaitig) Vína . Eine Form von Sitár mit flachem Körper wurde Káchapi (Kacchapa , eine Schildkröte) Vína genannt , heute bekannt als Káchwâ Sitár . Die übliche Stimmung von Sitárs mit drei bis sieben Saiten ist auf folgende Intervalle:

In diesen Stimmungen ist C der Khuruj oder Grundton, die Melodiesaite ist Máhdyamâ oder F. Sitárs haben normalerweise siebzehn bis achtzehn Bünde.

Die fünf Methoden, sie anzuordnen, um unterschiedliche Modi mit dem Namen Thât zu erzeugen , sind wie folgt:

**Intervalle auf der F-
oder Melodiesaite.**

Das Wort „ Thât ", das zur Bezeichnung von Tonleiter oder Modus verwendet wird, sollte nicht mit „ Râga ", der Grundlage aller indischen Musik, verwechselt werden. Râga hat in der europäischen Musiksprache kein Äquivalent, kann aber als Melodietyp beschrieben werden, der auf den Intervallen eines Modus basiert und eine Abfolge von Noten aufweist, die so angeordnet sind, dass sie ein bestimmtes Geistesgefühl hervorrufen. Es kann viele Melodien im selben Râga geben , die sich deutlich voneinander unterscheiden. Methoden für die Sitár wurden in Bengâli vom Rájah Sir SM Tagore, einem bekannten Amateur, und in Mahrátti von einer brahmanischen Musikerin aus Poona, Anna Ghárpure , geschrieben , einer hervorragenden Interpretin, die jetzt im Dienst Seiner Heiligkeit, des Thâkore Sahib von Wadhwân , steht . Außer dem Rájah Rám Pál Singh, ich hatte die Gelegenheit, 1886 auf einer Ausstellung mit dem Titel „India in London" einen Spieler aus Jeypur zu hören . Die Technik und der Charme seines Spiels werden nicht so schnell vergessen. Der Resonanzkörper eines gewöhnlichen Sitár ist ein Kürbis, aber er hatte einen mit zwei Kürbissen, bekannt als „Been" oder Vína Sitár .

Der Sitár in der Mitte mit geigenförmigem Korpus ist der Súrsanga oder Esrar ohne Resonanzsaiten, ein Streichinstrument, das den Sitár mit dem Sárungí kombiniert . Es ist ein modernes Instrument und soll Frauenstimmen begleiten. Es verfügt über vier Saiten, die nach der Autorität des Rájah Sir SM Tagore gestimmt sind, wie von Herrn Victor Mahillon in seinem bewundernswerten Katalog des Museums des Brüsseler

Konservatoriums angegeben .

Das dritte Instrument auf der rechten Seite, das an zwei Kürbissen befestigt ist, ist die Mahati oder große Vína – heute als „Been" bekannt. Es ist das älteste und schönste indische Instrument und zugleich das am schwierigsten zu spielende. Es besteht aus einem Bambus, der auf zwei Kürbissen ruht, und hat sieben Saiten – zwei auf der Seite, die der F- oder Melodiesaite am nächsten liegt, vier über den Bünden und eine auf der Seite, die von der Melodiesaite entfernt ist. Die Stimmung, wobei die Tonhöhe mit der Größe

des Instruments variiert, ist wie folgt: .
Die Saite × wird im gespielten „ Râga " je nach Bedarf auf E oder A gestimmt. In der Zeichnung sind fünf Saiten über den Bünden dargestellt; Die Saite sollte jedoch vom Wirbel oberhalb und am nächsten zum Sattel über einen kleinen Elfenbeinkopf verlaufen, der nicht abgebildet ist, aber an der Seite des Bambus zwischen dem zweiten und dritten Bund angebracht ist, bis zu der kleinen Brücke, die am weitesten entfernt ist Ende des Instruments an der Seite und nicht über der Hauptbrücke. Die 22 Bünde sind in halbtonischen Abständen angeordnet und fixiert. Das Instrument wird mit zwei Plektren auf den ersten beiden Fingern der rechten Hand des Spielers gespielt; Die beiden Seitensaiten werden durch den nach oben bewegten Nagel des kleinen Fingers angeschlagen; Die einseitige Saite auf der anderen Seite wird bei Bedarf mit dem kleinen Finger der linken Hand angeschlagen. Das Instrument wird so gehalten, dass der Kürbis, der der Nuss am nächsten liegt, auf der linken Schulter ruht, während der rechte Kürbis unter dem rechten Arm ruht. Es ist zu beachten, dass die Anordnung der Saiten in Vínas

im Vergleich zu Sitárs umgekehrt ist . In der Vína herrscht ein besonders weicher und klagender Ton, der in der Sitár völlig fehlt .

Gegenwärtig gibt es in Indien zwei Musiksysteme, die im Trend liegen: das Karnâtik- oder Südsystem und das Hindustâni- oder Nordmusiksystem. Letzteres liegt hauptsächlich in den Händen mahomedischer Professoren, die Anleihen beim arabischen und persischen System genommen haben. Die Karnâtik ist melodiöser und weist weniger Spuren ausländischer Innovation auf. Von Karnâtik -Professoren verwendete Instrumente verwenden nur die Intervalle der Tonika Quarte und Quinte (oder ihrer Oktaven) auf den leeren Saiten. Daher finden wir das südindische Vína – ein Instrument mit nur einem Resonanzkürbis und einem Holzkörper wie eine Laute –, das auf die folgenden Intervalle gestimmt ist:

oder

Pánchamâ " bekannt s'ruti , letzteres als „ Máhdyamâ ". s'ruti , aus den relativen Abständen zwischen den Saiten.

Die Illustrationen der Súrsanga , der Mahati Vína und der dreisaitigen Sitár stammen aus einer schönen indischen Sammlung, die der Rájah Sir Sourindro Mohun Tagore zwischen dem Brüsseler Konservatorium und dem London Royal College of Music aufgeteilt hat.

Für die Vervollständigung dieser Informationen über indische Saiteninstrumente sowie über die indischen Trommeln in Tafel XLI bin ich einer der höchsten Autoritäten auf diesem Gebiet, Lieutenant CR Day, Oxfordshire Light Infantry (Ende 43.), zu Dank verpflichtet, dessen jüngste persönliche Erfahrungen und eingehende Studien er mir großzügigerweise zur Verfügung gestellt hat.

The linked image cannot be displayed. The file may have been moved, renamed, or deleted. Verify that the link points to the correct file and location.

PLATTE XLI.

INDISCHE TROMMELN.

BEMALTE Instrumente, bestehend aus einer Holztrommel, einer Tontrommel und einem Tamtam. Der Einsatz solcher Instrumente ist notwendigerweise rhythmisch, und sie sind an der Grenze zwischen Musik und bloßem Lärm. Mr. Rowbotham jedoch (*History of Music*, Bd. I, London, 1885) beschreibt die Stadien, die die Instrumentalmusik durchlaufen hat, gemäß einer auf die Musik angewandten Entwicklungstheorie. Er ist der Ansicht, dass die Trommel als erste auf die aufkeimende Vorstellung von Musik beim prähistorischen Menschen reagierte und sich seither hartnäckig als Ergänzung zum Gottesdienst bei teilweise zivilisierten Rassen erhalten hat. Die Nautch-Mädchen führten bei „India in London", London 1886, ihre beruhigenden Kreisbewegungen zum sanften Sárungí aus , einem Streichinstrument mit Resonanzsaiten, begleitet vom Schlagen solcher Trommeln.

In Indien gibt es viele Arten von Trommeln, deren Namen in den verschiedenen Teilen des Landes variieren. Die größte der drei hier gezeigten Trommeln wird nicht von professionellen Musikern verwendet, sondern in Straßenmusikkapellen, die auf allen Basaren und über den Toren von Tempeln usw. zu finden sind und Nahabat oder Nakkera genannt werden Khaneh (in Südindien, Perya méla) und setzt sich aus Mohammedanern der unteren Klasse oder Hindus der Barbierkaste zusammen. Solche Bands bestehen aus Trommeln verschiedener Formen und Arten sowie primitiven Oboeninstrumenten mit Borduntönen und Becken. Musiker sind im Osten üblicherweise über den Toren platziert, und fast alle wichtigen Gebäude verfügen zu diesem Zweck über Galerien.

Professionelle Musiker und Nautch-Mädchen verwenden im Allgemeinen das *M'ridang* oder *die Tabla* . Die Trommel mit dem gestreiften Körper und den Lederstreben ist eine Art M'ridang . Die echte Trommel, die diesen Namen trägt, ist im Verhältnis zu ihrem Durchmesser länger und hat einen Kopf, der größer ist als der andere. Die beiden Köpfe sind je nach Bedarf auf die Tonika und Quarte bzw. Quinte gestimmt. Die Holzstücke zwischen den Streben und dem Kessel dienen zur Stimmunterstützung und sollten beachtet werden. *Tabla* sind kleine Kupferpauken, die ähnlich gestimmt sind. Das Trommeln auf solchen Instrumenten ist eine große Kunst und kann nur durch jahrelanges Lernen erlernt werden. Ein guter *Tabla-* oder *M'ridang-* Spieler verdient 100 bis 150 Rupien pro Monat. Das Handgelenk, die Handfläche und die Finger werden beansprucht. Solche Instrumente sollten nicht sehr laut sein, da das Können des Spielers an erster Stelle steht. Die

M'ridang gilt als die älteste indische Trommel; Sein Ursprung wird im Volksmund dem Gott Mahadeo (S'iva) zugeschrieben.

Die hier gezeigte Tonpauke oder Tam-Tam wird von Bettlern und Fakiren verwendet, um Aufmerksamkeit zu erregen, wenn sie von Haus zu Haus wandern. Eine ähnlich geformte Pauke aus Kupfer, aber sehr viel größer — etwa drei bis vier Fuß im Durchmesser — ist unter dem Namen Nagara oder Nakkera bekannt und wird häufig in den Musikkapellen verwendet, die beim Gottesdienst in Tempeln angebracht sind und über den Toren von Tempeln zu finden sind Festungen und Paläste einheimischer Häuptlinge. Solche Trommeln werden auf besondere Weise mit kurzen gebogenen Stöcken geschlagen; Und obwohl der Klang aus der Nähe alles andere als angenehm ist, ist er doch aus der Ferne zwischen den Bergen zu hören, begleitet von schrillen Oboen und tieferen Bordungeräuschen, wobei die Klänge mit der Brise ansteigen und abklingen und von Hügel zu Hügel widerhallen, die Wirkung steht im Einklang mit der Wildheit des Landes, und der Zuhörer hört oft verzückt und gegen seinen Willen zu.

Die hier dargestellten drei Trommeln gehören zum Musikklassenzimmer der Universität Edinburgh und wurden mit Genehmigung von Professor Sir Herbert Oakeley gezeichnet.

- 124 -

TELLER XLII.

SÄGE DUANG & BOW.
SÄGE TAI & BOGEN. SÄGE OO & VERBOGEN.
KLUI. PINKELN.

DIESE Instrumente gehören Seiner Majestät dem König von Siam und wurden mit der gnädigen Erlaubnis Seiner Königlichen Hoheit Prinz Narés angefertigt Varariddhi , damals siamesischer Minister in England und Bruder des Königs.

Bei der Saw Tai oder siamesischen Geige (mittlere Figur) ist der untere Teil des Halses aus geschnitztem Elfenbein und der obere Teil aus vergoldetem Email . Die Rückseite besteht aus Kokosnussschalen und ist mit Juwelen besetzt . Auf der Klangmembran aus Pergament befindet sich ein juwelenbesetzter Vorsprung. Es ist das gleiche Instrument wie das Javese Rabáb und ist persischen Ursprungs. Die drei Saiten aus Seidenschnur treffen oben unter den Wirbeln zusammen und verlaufen unter einer Ligatur, von wo aus sie zum Steg divergieren. Es hat kein Griffbrett, und die Länge der zu schwingenden Saite wird nicht, wie bei Streichinstrumenten üblich, durch Druck auf das Griffbrett bestimmt, sondern durch Drücken der unabhängigen Saite mit der gesamten Breite des Fingers, der sie verlässt die Intonation etwas unsicher. Der Spieler geht mit gekreuzten Beinen in die Hocke und hält das Instrument schräg.

Die Saw Chine oder chinesische Geige wird in zwei Varianten gezeigt: der Saw Duang (links in der mittleren Abbildung) mit Juwelen um einen der Wirbel und der Saw Oo (rechts in der mittleren Abbildung). Wie die Saw Tai haben diese Geigen kein Griffbrett. Die Bogensehne wird, wie im chinesischen Urh- hsien und Hu- ch'in , zwischen die Saiten eingeführt, um beides zu spielen. Bei den hier gezeigten Blasinstrumenten handelt es sich um eine Klui oder Flöte (links), die über einem Loch eine Membran hat, die der baskischen Galoubet ähnelt ; und die Pee (rechts), eine Art Oboe, sehr hart und im Ton einem sehr kraftvollen Dudelsack ähnelnd, eine Ähnlichkeit, die durch die eigentümliche heptatonische Tonleiter der Siamesen unterstützt wird, die nicht weit von der syrischen Tonleiter entfernt ist, wie man sie beim Schottischen bemerkt Dudelsack. (Siehe Einleitung , Seite xv. und Tafeln V. und XLIII.) Der Pee gilt als javesischen Ursprungs.

In Siam gibt es vier Arten von Kapellen. Genauere Angaben dazu finden Sie in den „ *Notes on Siamese Musical Instruments* " , einem Werk, das an der siamesischen Botschaft erstellt und 1885 in London veröffentlicht wurde. Die laotische Phān- Kapelle, die vor allem im Norden Siams vorkommt, spielt das Rohrblattinstrument namens Phān , das in der <u>Einleitung</u> auf <u>Seite xviii erwähnt wird.</u>

TAFEL XLIII.

RANAT EK. KHONG YAI.
TAHAY.

DIESE Instrumente gehören, wie die auf <u>Tafel XLII,</u> seiner Majestät dem König von Siam und wurden mit der gnädigen Genehmigung seiner Königlichen Hoheit Prinz Narés auch für dieses Werk gezeichnet .

Harmonikas aus Holz und Metall wie Ranat und Khong bilden die Grundlage der Musik in Siam, Burma, Java und dem Indischen Archipel allgemein. Sie kommen auch in Indien und sogar in einer anderen Richtung bis nach Südafrika vor. In Siam sind sie auf eine heptatonische Tonleiter gestimmt, die nicht auf einem harmonischen Akkordkonzept beruht. Zumindest im Idealfall stellen sie eine Leiter mit sieben gleich großen Stufen dar, mit der das einheimische Ohr zufrieden ist. Bei den Aufführungen der Band des Königs von Siam vor einigen Jahren in der Royal Albert Hall in South Kensington konnte man diese Tonleiter hören und die bemerkenswerte technische Fertigkeit der Ranat-Spieler voll zur Geltung bringen.

Bei den gezeichneten Instrumenten handelt es sich um einen Ranat Ek aus einundzwanzig Holzstäben in einem wiegenähnlichen Ständer, der wunderschön mit Elfenbein verziert ist; ein Khong Yai aus achtzehn Metallkesseln, aus einer Art Bronze oder Glockenmetall, bekannt als „ Gongsa ", auf einem Elfenbeinständer, bemalt wie Schildpatt, mit Messingrändern; und das sehr eigenartige Ta'khay oder Krokodil mit drei Saiten und zwölf Stegen, einschließlich des Sattels, um sie zu spannen. Das letztgenannte Instrument wird mit einem Plektrum gespielt und ist mit einem Krokodilkopf und Elfenbeinornamenten verziert.

TELLER XLIV.

HU-CH'IN & BOW. SHÊNG.
SAN-HSIEN. P'I-P'A.

Wir erfahren aus der umfassenden Abhandlung von Herrn JA Van Aalst über chinesische Musik, die, was auf den ersten Blick etwas seltsam erscheinen mag, von der Imperial Maritime Customs (Shanghai, 1884) veröffentlicht wurde, dass der Hu- ch'in , die Figur der linken Hand in Die Platte ist eines der beliebtesten Musikinstrumente in Peking. Die vier Saiten bestehen aus Seide und sind paarweise im Abstand einer Quinte gestimmt. Bei diesem Instrument handelt es sich tatsächlich um ein doppelsaitiges Erh-hsien oder Urh- hsien (Van Aalst und Dennys; Urheen , Engel) und es hat die gleiche besondere Anordnung, bei der der Bogen zum Spielen zwischen den Saiten befestigt wird. Es besteht aus Rohr und Rosshaar, und das Kolophonium dafür ist auf den Körper geklebt, einen hohlen Zylinder aus Bambus, Holz oder Kupfer, durch den der lange Hals des Instruments gesteckt wird. Das obere Ende des Körpers ist mit Schlangenhaut bedeckt, während das untere Ende offen bleibt. Der Erh-hsien , der einen ähnlichen Bambuskorpus, aber nur zwei Saiten hat, ist allgemeiner beliebt als der Hu- ch'in und in ganz China anzutreffen. Das Tich'in , laut Dennys das beliebteste Instrument bei Blinden, ist ebenfalls ähnlich gestrichen und hat als Korpus eine halbe Kokosnussschale, die mit einem dünnen Brett bedeckt ist. Es wird angenommen, dass diese Streichinstrumente mit der buddhistischen Religion ihren Weg nach China fanden.

Der Name für das nächste Instrument, die Rohrmundharmonika, Shêng , klingt wie „ shung " und reimt sich auf „sung". Von diesem alten Instrument gingen die modernen, populären Weiterentwicklungen der „Free-Reed"- Orgel ab, die erstmals um 1780 auf Veranlassung von Professor Kratzenstein von einem Kopenhagener Orgelbauer namens Kirsnick , der sich in St. Petersburg niedergelassen hatte, auf Orgelregistern angewendet wurde . Petersburg, eine Erfindung, die der berühmte Abbé Vogler bald nach Deutschland brachte. Das französische Harmonium und die amerikanische Orgel, die Ziehharmonika und das Akkordeon sind bekannte Beispiele des „Free-Reed"-Prinzips, das sich von der Kirchenorgel mit dem Schlagrohr insofern unterscheidet, als das Rohrblatt oder der Vibrator aus Metall keinen Teil davon überlappt rahmen. Der Shêng ist ein Kürbis, dessen Spitze abgeschnitten ist und auf den eine flache Abdeckung zementiert ist. Rund um die Abdeckung sind einundzwanzig Bambuspfeifen eingesetzt, aber vier erklingen nicht, da sie zum bequemen Halten des Instruments gedacht sind. Diejenigen, die klingen sollen, sind mit kleinen Messingzungen versehen.

Durch eine besondere Anordnung, die einzigartig bei Rohrblattinstrumenten ist, entweicht der Wind, der alle Rohrblätter gleichzeitig angreift, sofort durch Öffnungen in den Pfeifen, bis er von den Fingern für die Pfeifen, die erklingen sollen, gestoppt wird. Die Länge der Rohre ist lediglich dekorativ, die tatsächlich erforderlichen Längen werden durch schlitzartige Einschnitte in den Rohren bestimmt, die von vorne nicht zu sehen sind. Es gibt, wie gesagt, siebzehn klingende Pfeifen, aber nur elf Töne, da einige Töne im Unisono oder in der Oktave wiederholt werden. Die Skala, mit der die *à peu près*- Musiker zufrieden sind, kann folgendermaßen notiert werden:

Die Tonfolge in der ersten Oktave ähnelt der altphrygischen Tonart und jener Kirchentonart, in der Thomas Tallis' berühmter Gottesdienst komponiert ist. Die genauen Maße der auf der Gesundheitsausstellung gehörten Intervalle finden sich in Mr. AJ Ellis' Paper *On the Musical Scales of Different Nations* , veröffentlicht im *Journal of the Society of Arts* , London, 25. März 1885.

Herr NB Dennys gibt in seinen wertvollen Anmerkungen über chinesische Musikinstrumente, die er am 21. Oktober 1873 vor der nordchinesischen Zweigstelle der Asiatischen Gesellschaft verlesen hat, den Namen des dreisaitigen Instruments in der Zeichnung mit einem langen Hals wie ein Tamboura als San- hsien an, was Herr Van Aalst bestätigt. Die Pekinger Musiker nannten es Sien- tzê (ausgesprochen wie Shen- zy). Wie das japanische Siamisen hat das San- hsien keine Bünde. Der trommelartige Korpus ist auf der Oberseite mit Schlangenhaut überzogen, die Unterseite bleibt wie bei einem Tamburin oder Banjo offen. Die drei Saiten waren um einen Moll-Ton zwischen der ersten und der zweiten Saite aufsteigend gestimmt, und um eine Quinte zwischen der zweiten und der dritten Saite: die äußeren Saiten waren folglich eine große Sexte voneinander entfernt. Die Saiten wurden mit zwei Knochenplektren gezupft, die wie Krallen über die Enden der Finger hinausragten, und der Spieler stoppte eine pentatonische

oder fünftönige Tonleiter, also   nahezu in reiner Stimmung.

Die P'i- p'a , oder Ballongitarre (die Pekinger Musiker nannten sie Phi-pe), hat nach Dennys und Van Aalst einen Körper von fast einem Fuß Durchmesser, von dem sie ihren englischen Namen hat, und vier Saiten Wird normalerweise mit den Fingern gespielt und von der tiefsten Note aus als

Quarte, Quinte und Oktave gestimmt. Die großen halbelliptischen Bünde über dem Griffbrett wurden vom Spieler der Gesundheitsausstellung nicht benutzt; er beschränkte sich auf die zwölf Bünde auf dem Griffbrett. Die P'ip'a wird üblicherweise von Männern gespielt, die im Süden Chinas als Minnesänger oder Balladensänger engagiert werden. Die Stimmung dieses Instruments war pentatonisch, wie beim Sanhsien , und die Tonleiter begann mit dem gleichen Ton, aber die Stimmung des Instruments mit Bünden war weniger gut als die des Instruments ohne Bünde. Herr Van Aalst teilt uns mit, dass die Noten wiederholt werden, indem man den langen Fingernagel oder das Plektrum schnell über die Saite hin- und herbewegt, um einen Sostenuto-Effekt zu erzeugen, der in Europa ähnlich für Mandoline , Bandurria und Hackbrett gesucht wird. Diese Instrumente gehören zum Musikklassenzimmer der Universität Edinburgh.

PLATTE XLV.

CHINESISCH TI-TZU, SO-NA, YUEH-CH'IN.
JAPANISCH HIJI-RIKI. CHINESISCH LA-PA.

Das Ti-tzu links auf der Tafel ist die chinesische Flöte. Normalerweise ist es mit gewachster Seide umwickelt und mit Quasten verziert. Es hat neben dem Ansatz sieben Löcher, wobei das letztere wie beim provenzalischen Galoubet mit einer dünnen Membran bedeckt ist , die aus dem Saft des Bambus gewonnen und beim Auftragen geschmolzen wird, um den Klang klingender zu machen . Die restlichen sechs Löcher werden mit den Fingern verschlossen. Laut Herrn Van Aalst bilden zwölf Töne in einer diatonischen Abfolge, beginnend mit dem A der Violine, den Tonumfang dieses Instruments, jedoch mit großer Unsicherheit in der Intonation, was möglicherweise auch auf die vom Instrument vorgenommene Bohrungsmessung zurückzuführen ist -Macher über die Besonderheiten einer idealen chinesischen Skala. Die Tonleiter, die 1884 auf der Health Exhibition in South Kensington von einem einheimischen Ti- Tzu-Spieler gespielt wurde, war eine B-Dur-Tonleiter, wobei die Terz etwas schärfer als die Moll-Terz, aber kleiner als die große Terz war, also eine neutrale Terz , wie wir gesehen haben, kommt in östlichen nichtharmonischen Tonleitern häufig vor. Es ist jedoch sehr schwierig, die Skalen von Blasinstrumenten genau zu bestimmen, da der Spieler über die Kraft verfügt, die Intonation zu ändern, indem er anders bläst.

Die chinesische Sona ist ein Blasinstrument aus Kupfer – eine Art Oboe – das mit einem Doppelrohrblatt gespielt wird. Wegen der Kürze des Rohrblatts befindet sich darunter eine Scheibe, um die Lippen des Spielers zu schützen. Es gibt zwei kleine durchbrochene Kupferkugeln wie bei den Trompeten in Fra Angelicos Gemälden, unter denen sich die sieben Fingerlöcher vorne und zwei Daumenlöcher hinter dem Rohr befinden. Ein loser Messingkegel von beträchtlicher Größe bedeckt das untere Ende und ist durch eine Schnur am oberen befestigt. Bei diesem Instrument handelt es sich möglicherweise um die indische Soonai . Es hat neun Töne, wie beim schottischen Dudelsack, dem die Sona in der Tonqualität etwas ähnelt, aber sie ist schriller und unangenehmer. Die Tonleiter, wie sie von einem Einheimischen auf der Gesundheitsausstellung gespielt wurde, ergab Intervalle von Ganz- und Dreivierteltönen, die dem Dudelsack ähnelten, aber da es dem Spieler gelang, mit anderen Instrumenten zu spielen, die offenbar eine andere Tonleiter hatten, muss das annähernd zufriedenstellende Ergebnis der Anpassung beim Blasen zugeschrieben werden.

Die Yueh- ch'in oder Mondgitarre, so genannt nach der Form des Resonanzbodens, hat vier paarweise als Quinten gestimmte Seidensaiten. Die Saiten werden mit den Fingernägeln, die die Chinesen lange tragen, oder einem Plektrum angeschlagen. Die Saiten bestehen manchmal aus Kupfer statt aus Seide. Das Instrument wird hauptsächlich zur Begleitung der Stimme verwendet, und die Wiederholung einer Note, wie im P'i- p'a , scheint ein beliebter Effekt zu sein.

Das nächste Blasinstrument in <u>Tafel XLV.</u> ist das japanische Hiji-Riki , eine konische Pfeife mit einem Doppelrohr am größeren Ende. Aus diesem Grund klingt das Instrument etwa eine Oktave tiefer als eine zylindrische Pfeife. Das Hiji-Riki besteht aus Bambus, der Innenraum ist mit einem Bett aus rotem Lack bedeckt. Es hat sieben Grifflöcher und zwei Daumenlöcher auf der Rückseite. Die Tonleiter, wie sie von Herrn Victor Mahillon angegeben wurde , aus dessen *Catalogue Descriptif et Analytique du Musée Instrumental du Conservatoire Royal de Bruxelles* ich hier und anderswo gerne entlehnt habe, ist diatonisch, mit gelegentlicher Einfügung einer scharfen Quarte. Dieses Intervall ist in der chinesischen Musik häufig zu hören, wenn es aufsteigende Siebentonskalen gibt. Die oben an der Pfeife hängende Scheibe wird beim Spielen des Hiji-Riki so eingestellt, dass sie die Lippen des Spielers schützt – eine Vorsichtsmaßnahme aufgrund der Kürze des Metallrohrs.

Die lange Trompete ist die chinesische La-pa mit einem verschiebbaren Rohr nach dem Prinzip einer Posaune. Sie erzeugt vier Töne, die Oktave, die Duodezime, die Superoktave und die Siebzehntel, aber nicht die Prim. Wie man sich vorstellen kann, handelt es sich dabei um ein Militärinstrument, aber Herr Van Aalst teilt uns mit, dass es das Privileg wandernder Messerschleifer ist, sie auf der Straße zu blasen, um ihren Aufenthaltsort bekannt zu geben. Eine La-pa mit nach hinten gebogener Glocke wird bei Hochzeitsprozessionen verwendet.

Die auf dieser Tafel abgebildeten Instrumente gehören zum Musikunterrichtsraum der Universität Edinburgh.

The linked image cannot be displayed. The file may have been moved, renamed, or deleted. Verify that the link points to the correct file and location.

- 134 -

Platte XLVI.

Japanisches Koto.

DIES ist die dreizehnsaitige Sono Koto aus Japan und ein sehr schön verziertes Exemplar, das uns von Herrn George Wood von Messrs. Cramer and Co., Regent Street, London, zum Zeichnen zur Verfügung gestellt wurde.

Die Saiten des Koto bestehen, wie bei allen japanischen Saiteninstrumenten, aus durch Wachs gezogener Seide, und die Übereinstimmung folgt dem pentatonischen System, das bereits im Zusammenhang mit dem Siamisen beschrieben und von Herrn Isawa , Direktor des Instituts für Musik in, angegeben wurde Tokio, in zwölf verschiedenen populären pentatonischen Übereinstimmungen , die die Grundlage für die Intervalle der Darbietungen des Koto- Spielers bilden, diese aber, wie noch erläutert wird, nicht genau festlegen . Die Saiten sind gleich lang und dick und werden auf eine Spannung gespannt, wobei die Töne durch bewegliche Brücken erzeugt werden, deren es so viele gibt, wie Saiten vorhanden sind. Zwei Saiten, die erste und die dritte, sind gleich gestimmt, im Abstand einer Quinte über der zweiten oder tiefsten Note. Das Stimmen erfolgt im Allgemeinen Note für Note nach Gehör, wobei der Spieler das Instrument auf seine Stimme anstimmt, was bei hohen Stimmen gut ist. Die klassische japanische Musik ist chinesisch und könnte mit der chinesischen Kunst über Korea nach Japan gekommen sein. Es wird jedoch nur im kaiserlichen Haushalt oder in Shinto-Tempeln gespielt. Sowohl die klassische als auch die populäre Musik sind pentatonisch, aber die Japaner vermeiden keineswegs Halbtöne, die den Chinesen so viel Mühe bereiten, wenn sie versuchen , sie zu produzieren. Der Koto- Spieler hockt beim Spielen sehr tief auf dem Boden und trägt plektraartige Drahtkauschen an der rechten Hand, die in kleinen Vorsprüngen aus Elfenbein enden und mit denen sie nur den kürzeren Teil der Saiten berühren. Er hat jedoch die Macht, die Spannung der Saiten zu erhöhen oder zu verringern und so die Töne zu schärfen oder abzuflachen, indem er die längeren, nicht erklingenen Längen mit den Enden der Finger der linken Hand herunterdrückt oder sie in Richtung der Stege zieht und die Stimmung durch Zwischentöne modifizieren — eine Lizenz, die nicht sparsam genutzt wird. Die japanischen Bilder von Koto- Spielern zeigen ausnahmslos diese Praxis. Die Abmessungen dieses Koto betragen ungefähr: Länge: 6 Fuß 2½ Zoll; Breite: 8¾ bis 9¾ Zoll; Tiefe, etwa 1¾ Zoll an den Seiten. Das Instrument besteht aus starkem Kiri-Holz und verfügt über zwei Öffnungen an der Unterseite . Die Schönheit der Verzierung des gezeichneten Instruments war kaum zu übertreffen. Die Zeichnung zeigt

Vergrößerungen der beiden Enden, halb so groß wie tatsächlich, und zeigt die äußerst dekorative Verzierung dieses bemerkenswerten Instruments.

Die beliebteste Volksstimmung des Koto heißt Hiradioshi . So wird es von Herrn Isawa und anderen Autoritäten gegeben:

Der Musikmeister im Japanese Village, Knightsbridge, London, stimmte die Koto auf eine Siamisen (Tafel XLVII.), wobei die pentatonischen Intervalle auf dem Hals entsprechend einer Intonationseigenschaft markiert waren, auf die in der Beschreibung dieses Instruments Bezug genommen wird.

TELLER XLVII.

SIAMISEN, KOKIU, BIWA.

DAS sind japanische Instrumente. Die Siamisen und Biwa wurden mit Genehmigung der japanischen Kommission für die Erfindungsausstellung von 1885 gezeichnet. Das Kokiu in der Mitte des Tellers und sein langer Angelrutenbogen aus vier Längen schwarzem Holz mit Silberbesatz gehören dem Autor.

Die Siamisen ist das häufigste japanische Saiteninstrument und wird von den singenden Mädchen (Gesha) gespielt; Es war das charakteristische Musikinstrument im Japanese Village, Knightsbridge, London. Der Name wurde dort Samiseng ausgesprochen (das *a* wie in Vater), und Dr. Müller, in einem ausführlichen Artikel über japanische Musikinstrumente in den *Mittheilungen der Deutschen Gesellschaft für Natur und Völkerkunde Ostasiens* , 6. Heft . (Berlin, 1884), schreibt ausnahmslos Samiseng , aber die Schreibweise Siamisen wird hier auf Veranlassung von Herrn Shuji Isawa , dem Direktor der Musikschule Tokio, übernommen. Es ist etwa 37 Zoll lang und verfügt über eine Resonanzmembran aus Pergament, die auf einem nahezu quadratischen Holzkörper gespannt ist, der 7½ Zoll hoch, 6½ Zoll breit und 3 Zoll tief ist. An der Unterseite befindet sich ein Knopf für einen Saitenhalter, die Ober- und Unterseite ist mit einem ausgewählten Teil einer Katzenhaut bedeckt, auf der auch der Steg ruht. Anhand der kleinen schwarzen Flecken auf dieser Haut lässt sich der Wert des Instruments erkennen. Vier geben den höchsten Wert; zwei markante gewöhnliche Instrumente; während diejenigen ohne Flecken billig sind. Die Größe des Siamisen wird durch die Stimme des Sängers bestimmt. Gute Stimmen sind hohe Stimmen; Folglich braucht ein guter Sänger einen kleineren. Um die Bewegung zu erleichtern, sind Körper und Hals voneinander getrennt. Es hat drei Seidensaiten und in der allgemeinen Praxis ebenso viele Übereinstimmungen , nämlich.

Und . Es ist ohne Bünde, aber die Fingerskala, die nur die japanischen Musiker im Londoner „Dorf" zu kennen schienen, wurde durch kleine Markierungen am Hals angezeigt und stimmte mit der Stimmung des dreizehnsaitigen Koto überein . Es hat somit fünf Intervalle in der Oktave, die sich jedoch von der chinesischen pentatonischen Tonleiter und der in Java als Salendro bekannten Tonleiter unterscheiden . Das Japanische, wie es im „Dorf" zu hören ist, kann beim Absteigen als große Terz, Halbton, neutrale oder mittlere Terz beschrieben werden (weder Dur noch Moll, sondern äquivalent zu einem Dreiviertelton und einem Ganzton).

, also — das × bezeichnet die mittlere Terz. Dies wurde von den im Dorf zusammengekommenen Einheimischen aus verschiedenen Teilen Japans als richtig akzeptiert, deren Sprachdialekte nicht die gleichen waren, obwohl ihr musikalischer Dialekt somit einheitlich war. Da Herr Isawa das Intervall jedoch als kleine Terz angibt und bei Aufführungen, von denen ich gehört habe, dass der Moll-Effekt sicherlich überwiegt, bin ich geneigt, die hier aufgezeichnete mittlere Terz nur als Erweiterung der normalen kleinen Terz zu akzeptieren. Im Umgang mit Skalen, insbesondere solchen nichtharmonischen Ursprungs, muss ein großer Spielraum eingeräumt werden. Unsere eigene gleichschwebende Verengung des gleichen Intervalls wird von uns selten bemerkt und verläuft wie selbstverständlich. Der Siamisen wird zur Begleitung der tanzenden und singenden Frauen eingesetzt und seine Töne sind ein wichtiges Hilfsmittel für die Wirkung ihres Auftritts.

Das Plektrum der Siamisen heißt auf Japanisch Batsi . Es ist auf der Tafel abgebildet.

Die Kokiu ist eine Art Geige, die in ihrer Konstruktion der Siamisen sehr ähnlich ist , nur dass sie mit einem Bogen (kiu) statt mit einem Plektrum oder Schlägel (batsi) gespielt wird. Es ist normalerweise ein Fraueninstrument, wird aber heute nur noch sehr wenig gespielt. Dr. Müller hörte in Tokio nur einen Spieler, einen blinden Mann, von dem er seine Beschreibung des Instruments und der Spielweise übernahm. Die Gesamtlänge der Kokiu beträgt etwa 25 Zoll, wobei der Korpus 5 Zoll lang und breit ist. Sie ist 2½ Zoll tief und wie die Siamisen bedeckt . Statt des Saitenhalters der letzteren hat sie einen 2½ Zoll langen, runden Metallstreifen, an dem die Saiten befestigt sind. Der Steg ist lang und sehr niedrig und hat Kerben zur Aufnahme der Saiten; drei sind gleichmäßig verteilt, während die vierte sehr nahe bei der dritten liegt. Die Saiten sind

gestimmt , wobei die beiden nah beieinander liegenden Saiten den Einklang des höchsten Tons bilden. Der Bogen ist 45 Zoll lang und hat, wie bereits erwähnt, vier Längen. Für den Transport kann er in zwei Teile zerlegt werden. Hinten ist er flach und vorne oval. Oben ist er fast rechtwinklig gebogen und der ganze Stab ist sehr elastisch. Er ist mit weißem, etwa 81 cm langem Rosshaar bespannt, das importiert wurde, da es in Japan kein langes Rosshaar gibt. Er ist mit einem Seidenknoten in einem silbernen Halter befestigt. Um den Kokiu zu spielen , wird der Bogen mit Daumen, Mittel- und kleinem Finger gehalten, wobei der Zeigefinger nach hinten ausgestreckt wird. Mit ausgestrecktem Ringfinger spannt der Spieler die losen Haare des Bogens, nimmt dann das Instrument auf und legt es senkrecht auf die Knie, zwischen denen der Saitenhalter aus Metall gehalten wird. Indem die Haare des Bogens an den Rand des Resonanzkörpers gebracht werden, wird der Bogen einfach horizontal vor- und zurückbewegt, wobei nur der mittlere Teil der Bogensehne verwendet wird. Die Saiten werden durch eine Drehbewegung des Instruments mit dem Bogen in Kontakt gebracht. Manchmal wird nur eine Es-Saite verwendet, manchmal beide. Doppelnoten werden sehr selten verwendet. Der Klang der Kokiu ist dem der Drehleier sehr ähnlich, im Vergleich jedoch viel schwächer.

Die Biwa ist ein lautenartiges Instrument in Form einer geteilten, nach oben hin schmaler werdenden Birne. Der Korpus ist etwa 34 Zoll lang, wovon $7\frac{1}{2}$ Zoll auf das Griffbrett entfallen. Auf dem Griffbrett befinden sich vier Bünde. Es hat vier Saiten in zwei Stärken, die laut Dr. Müller Primzahl, Quinte, Oktave, Zehnte gestimmt sind, wie ein Signalhorn der Infanterie, aber Dr. Isawa gibt nicht weniger als sechs Übereinstimmungen an . Die Biwa wird mit einem $6\frac{1}{2}$ Zoll langen, schnabelförmigen Batsi aus Horn, Holz, Schildpatt oder Elfenbein gespielt.

TELLER XLVIII.

MARIMBA, AUS SÜDAFRIKA.

Ein ZULU-Harmonikon in zwei Ansichten, von hinten und von vorne. Es besteht aus zehn Stäben, an denen jeweils ein Kürbisresonator befestigt ist. Gespielt wird mit Trommelstöcken, einem in jeder Hand. Diese Marimba wurde mir von Herrn John Robertson aus Durban, Natal, geschenkt und er hat die folgenden Einzelheiten dazu geliefert.

Der Zulu-Name Marimba wird durch Izambilo abgewandelt ; ersteres ist das bekanntere. Dieses Instrument wird vom Stamm der Mindonga hergestellt , dessen Land an die portugiesische Siedlung Inhambane an der Ostküste grenzt. Das Holz der Stäbe heißt Intzari . Die Resonatoren sind die Schalen einer Frucht namens Strychnos . M'Kenii oder Kaffernorange. Die Kugeln der Trommelstöcke bestehen aus einheimischem Gummi. Die Marimba wird entweder auf dem Boden liegend gespielt oder an einer Schnur um den Hals des Spielers hängend. Einheimisches Gummi wird verwendet, um die größeren und kleineren Schalen, die jeden Resonator bilden, zusammenzubinden. Als Schnur wird der Darm der Aulacodus oder Agaratte verwendet. Wie ich bereits bei der Beschreibung der siamesischen Instrumente bemerkt habe, sind Harmonikas aus Holz und Metall sehr weit verbreitet – im gesamten indischen Archipel, in Siam und Burma, unter den Bergstämmen Indiens und den Kaffern Afrikas. Die Eingeborenen der kleinen amerikanischen Republik Costa Rica betrachten die Marimba als ihr Nationalinstrument. Die Stimmung folgt der gleichmäßigen heptatonischen Teilung, die die mittleren oder neutralen Terzen zulässt, die in Siam vorherrschen und von vielen östlichen Ohren geschätzt werden. Auf Java ist dies jedoch nicht der Fall; und soweit man es beurteilen konnte, wenn man die Instrumente untersucht, auf denen die einheimischen Javesen im Londoner Aquarium im Jahre 1882 spielten (andere Instrumente lieferten offenbar andere Ergebnisse), gibt es zwei verschiedene Javese Stimmungen, die eine heißt Salendro und ist eine ideal gleichförmige Pentatonik oder Tonleiter mit fünf Intervallen in der Oktave, die andere heißt Pelog und ist eine Heptatonik oder Tonleiter mit sieben Intervallen in der Oktave, deren Gesetz noch nicht bestimmt wurde. Aus letzterer werden Fünfergruppen ausgewählt, um Pentatoniken zu bilden, die bemerkenswerte Unterschiede aufweisen.